PARIS ÉTRANGE

I0129923

Li 3
635

2700. — ABBEVILLE. — TYP. ET STÉR. A. RETAUX.

L. BARRON

PARIS ÉTRANGE

PARIS

E. LALOUETTE
LIBRAIRE–ÉDITEUR
, RUE DE TOURNON, 16

H. DOUCE
LIBRAIRE - ÉDITEUR
18, RUE DROUOT, 18

1883

PARIS ÉTRANGE

I

CONFIDENCES D'UN EX-AGENT DE LA SURETÉ

Il n'y a pas longtemps qu'il m'advint de
rencontrer, dans un café voisin du Palais, un
ancien agent du service de la sûreté, d'un
esprit original, et d'une mémoire intéressante
à feuilleter comme un livre d'anecdotes. Nous
liâmes conversation. En dépit qu'on en ait,
c'est un fort honnête homme, qui conserve
en son cœur le goût du métier qu'il n'a
plus le droit de pratiquer et] le ferait

encore par amour de l'art. Pour tout dire :

Une odeur de police en ces lieux l'attirait.

— Vous devriez — me dit-il — essayer d'é-crire un guide de l'étranger dans le Paris étrange.

Je ne répondis pas tout d'abord. L'idée me plaisait et le titre, bien que précieux, me semblait joli. Mais d'entreprendre un pareil travail n'était-ce pas se donner une peine bien inutile ?

Du Paris pittoresque, malfaisant, étrange, que peut-on encore observer d'inédit ? N'a-t-il pas révélé tous ses secrets à M. Maxime Du Camp, continuateur de Frégier, tous ses mystères à nos romanciers socialistes ou réalistes, et le pauvre Privat d'Anglemont, qui sut y découvrir tant d'industriels inconnus, depuis le *peintre en pieds de dindons* jusqu'à *l'employé aux yeux de bouillon* des gargottes populaires, en ignorait-il quelque chose ?

Aux derniers venus dans ce champ d'exploration, que reste-t-il à glaner après de tels maîtres ?

— Le besoin d'un supplément aux guides Conty se fait donc généralement sentir ? dis-je en riant.

— Plus que vous ne pensez, reprit très-sérieusement l'agent de la sûreté. Je vais vous le prouver par raisons démonstratives.

— Je vous écoute.

— Vous ne savez pas à quel point devient exigeante la curiosité des étrangers de distinction qui visitent Paris. Le Paris opulent et raffiné des courses, du boulevard et des cercles de haute gomme n'y suffit plus. Excédés de plaisirs élégants, nos millionnaires exotiques s'amuseraient d'émotions violentes. Être un peu surinés dans un bouge ne leur déplairait pas. Leurs oreilles, fatiguées de la politesse des salons, seraient charmées d'un engueulement en argot. De vigoureux coups de poing, assénés par nos... poissons du trottoir, leur chatouilleraient délicieusement l'épiderme. Tout cela les sortirait un peu des banalités du high-life. Aux cicerones empressés de leur montrer les charmes du Paris mondain, ils diraient volontiers : Mes amis, menez-nous en des lieux mal famés, nous vous paierons davantage.

Il ne faut pas chercher bien loin la cause de ce goût bizarre. Nos jolies histoires de cours d'assises l'expliqueraient assez, si la célébrité de notre littérature à la mode n'en rendait pas déjà raison.

M. E. Zola n'a-t-il pas écrit, — et d'après lui nombre d'imitateurs, — le roman d'une ville mystérieuse, souterraine, nocturne, et pour ainsi dire, défendue, dont M. Maxime Du Camp a fait de son côté la statistique ? Ville obscure, cachée dans les plis sombres du Paris brillant et luxueux, ville de malfaiteurs, de mendiants et de vagabonds, catalogués par la police sous des noms expressifs, ville où s'agitent confusément dans une populace de Lantiers et de Gervaises, de précoces coquins, tels qu'Abadie et Gilles !

Il est naturel, après cela, que les étrangers

de « distinction » désirent voir, de leurs
propres yeux voir, les bals, les cabarets, les
garnis où vivent les héros intéressants dont
la *Gazette des Tribunaux* enregistre les exploits, et que M. E. Zola photographie merveilleusement.

De ce désir passionné autant que nouveau,
M. le préfet de police a, dit-on, maintes
preuves. Comme il dispose d'un nombreux
personnel, il n'est pas un amateur des bas-
fonds parisiens qui ne se croie en droit de lui
demander un agent pour servir de guide et au
besoin de défenseur à sa personne. Si M. Ca-
mescasse cédait à ces fantaisies, je ne crains
pas d'affirmer qu'il resterait seul pour assurer
la tranquillité publique. Ce ne serait plus
assez.

Un fonctionnaire, également infortuné, c'est
le chef de la sûreté, M. Macé. On n'imagine pas ce qu'il a déjà conduit dans les
endroits les plus ignorés de Paris de rois
en vacances, d'altesses errantes et de magis-
trats observateurs. Les Othon de Grèce, les

Oscar de Suède et d'autres Léopold belges se sont fait un devoir d'étudier en sa compagnie les mœurs de nos classes dangereuses et notre organisation policière. Quand il s'agit de telles puissances et de pareils intérêts, le moyen de refuser?

Mais ce sont des exceptions. Les sollicitations naïves, excentriques, impudentes, impossibles forment la règle. Une miss vaporeuse veut absolument visiter l'« *Assommoir* » où débuta *Nana la rousse*. Un anglais spleenétique n'aura pas de repos qu'il n'ait constaté, vérifié les assertions du troisième volume de « *Paris, sa vie et ses organes* », qui contient la description détaillée des diverses espèces de malfaiteurs. Un autre... mais ne pouvant les citer tous, je m'en tiens à ces exemples.

Si vous étiez à la place de M. Macé, que répondriez-vous à ces curieux? Qu'ils se moquent de vous et qu'ils veuillent bien vous laisser la paix. M. Macé, qui ne se départ jamais, lors même qu'il interroge les pires

scélérats, d'une parfaite urbanité, n'en usera
pas ainsi, mais il leur dira :

— En vérité, madame — ou monsieur —
désolé de vous refuser. Je ne puis disposer
d'une minute seulement, et si j'avais deux
fois plus d'agents que je n'en ai, tous seraient
occupés. L'infanticide donne beaucoup en ce
moment, l'assassinat ne chôme pas, et le vol,
accompagné d'effraction, n'a jamais été plus
florissant. Je suis sur la trace de vingt coupables qui sont peut-être quarante.

Je dois examiner aujourd'hui un tibia récemment retrouvé dans un égout, qui a dû
évidemment appartenir à une jambe, qui a
dû tenir à un corps, traîtreusement privé de
la vie. Une main de femme, séparée de son
bras, me donne aussi beaucoup à réfléchir.
Tous les matins, nous arrêtons un Walder
que nous relâchons tous les soirs. On a volé
600,000 fr. de valeurs au général Schramm,
et nous faisons nos efforts pour qu'un vétéran
de l'Empire ne meure pas sur la paille. Je
suis en cet instant dans mon cabinet, dans

l'instant suivant le télégraphe m'appellera peut-être à Bruxelles ou à Copenhague.... Madame, je suis votre serviteur. — Monsieur, je vous salue...

J'avais écouté les révélations de l'agent retraité avec un vif intérêt, me gardant bien de l'interrompre.

Quand il eut terminé :

— Que concluez-vous de tout cela? lui dis-je.

— Que ce serait faire œuvre méritoire de délivrer nos fonctionnaires des importunités des curieux de tous les pays du monde.

— Il faut bien que j'en convienne. Mais comment y parvenir?

— Ne vous l'ai-je pas déjà dit? En écrivant, puis en publiant, à l'usage particulier des étrangers, un itinéraire descriptif et détaillé des endroits dangereux et des mauvais lieux qu'ils ne doivent pas visiter.

— Et que, mon livre en main, ils ne manqueront pas d'aller voir.

— Mon idée vous plaît-elle?

— Elle me paraît excellente ; mais voici où l'auteur serait embarrassé.

— Où cela ?

— Pour parler des bouges, il est nécessaire de les connaître ; pour en donner l'itinéraire, il est indispensable de l'avoir parcouru.

— Rien de plus judicieux. Mais je vous guiderai, si vous le désirez.

— J'allais vous le demander.

— Entendu. Prenons rendez-vous. Quand vous plaît-il de commencer ?

— Dès à présent, ce soir même, si vous en avez le temps.

Il réfléchit un instant.

— Aujourd'hui, vendredi, non. Remettons notre première tournée à demain. C'est jour de paie de quinzaine pour les ouvriers. Le spectacle sera beaucoup plus intéressant.

— A samedi, donc !

II

LES BAS-FONDS DU QUARTIER MAUBERT.
LE CHATEAU-ROUGE.

Notre rendez-vous était à huit heures et demie précises du soir.

A trois minutes près, je fus exact.

— Vous êtes en retard, me dit gravement l'ex-agent de la sûreté. Deux minutes de plus, et vous ne m'auriez pas trouvé. La ponctualité est de rigueur dans notre profession.

— La patience aussi, répliquai-je.

— Oui, si nous avons à guetter le gibier malfaisant, gibier leste et d'un subtil odorat, je vous le certifie. Mais il faut plutôt le saisir à l'improviste, sur de brèves indications, dans l'instant rapide et fugitif comme l'éclair où il ne songe pas à nous échapper. Les coquins avisés nous devinent, nous flairent, pour mieux dire. Le moindre indice les avertit que nous sommes sur leur piste ; ils se détournent, nous échappent, — et la poursuite est à recommencer.

Je le priai de m'excuser, ce qu'il fit de bonne grâce, et comme nous passions sur le pont Saint-Michel :

— Où me conduisez-vous ? lui dis-je.

— Dans le quartier Maubert.

Je lui en exprimai ma surprise.

— Si près de la préfecture, que pouvons-nous voir de remarquable ?

— Je m'attendais à cette question, mon cher Monsieur, ce n'est pas la première fois qu'on me l'adresse. Elle prouve tout simplement que vous partagez l'ignorance commune. Mais avant de continuer, permettez-moi de répondre à votre question par une autre. Avez-vous confiance en moi ?

— Une confiance aveugle.

— Bien. En ce cas, suivez-moi hardiment, non pas en aveugle, mais au contraire les yeux vifs, les oreilles attentives, pour tout observer, tout entendre et tout retenir. Vous ne perdrez pas votre temps. La proximité de la préfecture de police n'empêche pas que ce quartier ne soit le séjour préféré d'une foule de mauvais drôles. Si toutes les variétés de l'espèce des scélérats ne s'y trouvent pas, les habitués de la correctionnelle, les voleurs au poivrier, les mendiants et les vagabonds surtout y sont nombreux. Ils fréquentent des cabarets, des bals et des hôtels meublés dont vous ne soupçonnez pas l'existence.

J'aurai le plaisir de vous les montrer chez eux. Vous reconnaîtrez en eux des échantillons distingués de la basse plèbe, jadis décrite par Eugène Suë, les descendants des grotesques du Lapin-Blanc, émigrés de ce côté de l'eau depuis l'assainissement de la vieille Cité.

Tout en causant, nous avancions lentement dans un dédale de rues étroites, boueuses, tortueuses, contournées, tronquées, enchevêtrées les unes dans les autres comme les fils embrouillés d'un écheveau, sans lumière qui les éclaire, sans chaleur qui les sèche, où, contiguës à des maisons anciennes et de haute mine, s'adossent d'autres maisons vulgaires, plates, salies par la pluie et les immondices, suintantes et tout empuanties d'exhalaisons fétides.

Il n'est certes pas beau, ce vieux quartier Maubert, et l'on ne saurait, à l'examiner, regretter les autres, ses contemporains décrépits du vieux Paris, tombés sous la pioche infatigable d'Haussmann, le démolisseur. S'il rappelle à l'esprit de chers souvenirs de l'histoire de Paris, qui font aimer sa laideur, on ne peut songer sans tristesse aux milliers de gens qui vivent dans la noirceur et l'infection de ses rues, comme des mollusques dans l'humidité des trous. Les hôtels garnis et les cabarets y foisonnent, et ce ne serait pas chose facile, à mon avis, de distinguer entre ces hôtels celui qui n'est pas un repaire de vices et de misères, entre ces cabarets, celui qui n'est pas un bouge honteux.

Mon guide s'arrêta court devant un couloir obscur, sis dans la rue Galande.

— J'ai l'honneur, me dit-il, de vous présenter le « Château-Rouge ».

— Quoi! ce couloir?..,

— Conduit à ce castel. Le Château-Rouge est un cabaret pudique. Il cache, ignoré des passants, connus des seuls initiés, les attraits capiteux et violents que recouvre sa façade vermillonnée. Entrons...

Du comptoir de zinc où il trônait dans toute sa majesté, surveillant les faits et gestes de ses habitués, entassés en une large salle fumeuse, le patron se leva, et, reconnaissant mon guide, il ôta sa casquette de soie et lui serra la main d'un air d'intelligence...

— Est-ce un confrère? dis-je à l'ex-agent.

— Non, monsieur est un ami.

Puis à notre hôte :

— Avez-vous encore deux places dans la « salle du Sénat » ?

— A votre service, monsieur Lapince.

— Pourquoi Lapince? demandai-je.

— C'est mon nom de guerre.

III

LA SALLE DU SÉNAT.

La « salle du Sénat » n'est pas, comme on pourrait le supposer, vu son titre, une annexe brillante et luxueuse du cabaret. Nulle décoration ne l'embellit. C'est tout simplement une arrière-boutique où, dans l'atmosphère opaque, deux becs de gaz projettent quelque clarté. On la réserve aux « rupins », selon le style du lieu. Il serait impossible de pénétrer dans ce coin choisi sans traverser la chambre vaste qu'emplissent les buveurs attablés.

Notre arrivée produisit parmi eux une certaine sensation que M. Lapince interpréta de la manière la plus flatteuse pour son amour-propre. On le dévisageait sournoisement, on chuchotait, et les réflexions que les habitués se communiquaient à son sujet ne me semblaient pas d'une nature extrêmement bienveillante. Loin de s'inquiéter, l'ex-agent me dit tout haut, d'un ton ironique :

— Nous sommes, paraît-il, en pays de connaissance, et j'espère bien qu'on va s'empresser de nous offrir un verre.

Cette plaisanterie eut tout le succès désirable. On la répéta de table en table. Des buveurs qui , particulièrement connus de M. Lapince, en ont une peur abominable, donnèrent des signes marqués de leur satisfaction.

Puis chacun revint à sa conversation interrompue, et, de notre poste d'observation, nous pûmes à loisir, sans crainte d'être dérangés, suivre et noter les progrès de l'ivresse commune, toujours, toujours grandissante...

L'aspect de la salle n'est-il pas déjà curieux?

Imaginez, assis sur les bancs, qui sont les siéges uniques du Château-Rouge, une clientèle d'hommes et de femmes livides, plâtrés, sans regards, abrutis. De sordides vêtements, blouses blanches ou blouses bleues, robes bigarrées, de coton ou de laine, usées, recouvrent ces pauvres somnambules de l'alcoolisme.

Sur ce fond uniforme de simplicité indigente se voient, ainsi que des taches, des paletots rapés de coupe ambitieuse, achetés ou pris à l'étalage du fripier, des robes de soie effilochées, par-dessous lesquelles passe un chiffon de dentelle, une balayeuse maculée par l'éclaboussure du ruisseau. Aux poignets de filles encore jolies luisent des bracelets en similor, bijoux de si peu de valeur qu'elles peuvent s'en parer coquettement sans éveiller la cupidité de leurs « amis ». Le Mont-de-Piété ne prête pas sur le « doublé ».

D'une voix sourde, avec des gestes maniaques, tous demandent à boire.

— Du vin !

— Du raide !

— Une verte !

Les garçons, d'une politesse méfiante, servent à ces messieurs et à ces dames l'eau-de-vie, l'absinthe, le vin frelatés qu'ils réclament. Les consommations — c'est la règle — se payent aussitôt qu'apportées. A petits coups, lentement, les habitués savourent le poison de leurs verres.

Peu à peu, les liqueurs stimulant les nerfs des buveurs léthargiques, la vie revient à leurs cerveaux surexcités. Les yeux éteints s'allument, les langues épaissies se délient, deviennent bavardes, exubérantes.

Les étranges propos échangés de table à table, entre voisins! Incidents vulgaires et ridicules de l'existence oisive des brutes, où se mêlent parfois de sinistres aventures. C'est, ici, le récit amplifié, glorieux, d'une querelle sanglante, où le narrateur a triomphé ; là, le conte risible d'un bon tour joué à la rousse. Que sais-je encore ? Des histoires cruelles de filles battues, de vols réussis ou ratés, d'attaques nocturnes...

Bientôt les voix plus criardes, toutes parlant ensemble, se confondent dans une clameur indistincte d'instruments baroques. Çà et là, pourtant, des habitués ont la torpeur rétive, regardent sans voir, écoutent sans répondre, et probablement sans comprendre, les yeux vagues, la bouche ouverte.

— Ces gens-là n'ont pas mangé de la journée, me dit l'agent, qui m'explique ainsi leur effrayante prostration.

— En revanche, les femmes, plus promptes à l'ivresse, sont déjà tout égarées et titubantes. Une vieille s'est levée, va de place en place en dansant, entoure le cou des buveurs de ses bras maigres, et veut les embrasser. Avec un cynisme douloureux, elle rappelle sa vie de débauches et de folies, s'en vante. « Savez-vous qu'elle a été au moins vingt fois en prison? Toutes les femmes, pourraient-elles en dire autant? »

Puis une jeune fille, insensible, égarée, folle à demi, avec des accents stupides et déchirants tout à la fois, parle de sa vie flétrie, du rude métier qu'elle fait et qu'elle fera tant qu'elle vivra, jusqu'à l'hôpital...

— Père Digue-Don appela mon compagnon — soucieux de m'égayer par la vue de ce bohême — voulez-vous accepter un verre ?

Il vint à nous, ce vieux chanteur des rues, ce gratte-musette des fêtes foraines, joie bizarre, gaîté lugubre de ce tapis-franc. Il vint à nous, sifflottant entre ses mâchoires dénuées un air grivois, esquissant un pas de menuet, car son âge lui permet d'avoir dansé le menuet avec Lisette ou Margot, du temps de la Gaudriole, ô gué ! et de Roger-Bontemps. Sa figure mate, encadrée de cheveux blancs qui pendent en boucles frisées sous son chapeau de soie défoncé, est jeune encore, presque enfantine ; mais, fort inutilement, M. Lapince l'invite à chanter, il préfère boire.

A côté de nous, dans la salle du Sénat, cinq jolis messieurs se sont installés. Ils ont demandé du vin cacheté. Des « rupins » véritables, enfin ! Ce ne sont pas des coquins honteux, mais d'agréables souteneurs, dont la toilette a du genre. Portant veston de velours, gilet de laine violet, où s'étalent de grosses chaînes de montre chargées de breloques, ayant aux doigts des bagues, au front de séduisants accroche-cœurs, sur la tête de hautes casquettes à pont, à la dernière mode, au cou des cravates à nuances provocantes ou tendres, rouges ou azur ; ne sont-ils pas parfaits ainsi ?

Ces « messieurs » jouent, très graves, s'observant de l'œil pour s'empêcher mutuellement de tricher, et coupant leur partie des propos les plus intéressants. Que ne puis-je les reproduire ici ? Mais il est de telles infamies qu'on essaierait vainement de les mettre en un français honnête.

Cependant le bruit est devenu plus énorme ; une buée fétide, formée de toutes les haleines empestées des buveurs, emplit le cabaret. Sur plusieurs points, on entonne des chansons sentimentales ou patriotiques, des refrains obscènes ou immondes...

— A présent, me dit l'agent, les résolutions sont prises. L'exploit de la nuit est décidé. On s'amuse, on s'étourdit avant de risquer l'affaire. Sortons !

IV

L'air frais de la nuit me fit du bien.

— N'êtes-vous pas fatigué? me demanda M. Lapince.

— J'ai la tête un peu lourde, rien de plus.

— Je comprends cela. Ce que nous venons de voir est nouveau pour vous et le spectacle n'en est pas charmant. Si vous le voulez bien, cependant, nous continuerons notre tournée de nuit. Je désire vous montrer un bal, le bouge du père Lunette et certain caveau des Halles. Y consentez-vous?

— Marchons!

Nous ne marchâmes pas longtemps.

2

Les sons délirants d'une musique effrénée nous attiraient dans la rue du Fouarre.

Suspendue à la porte d'un marchand de vin, une lanterne, où se détachait, en lettres capitales, flamboyantes dans les ténèbres de la ruelle, l'inscription : BAL, indiquait l'entrée d'un lieu de plaisir populacier.

Sur le seuil une querelle, comme une enseigne.

Une femme, les cheveux dénoués, les yeux dilatés par la colère, assaillait de ses reproches et de ses injures imagées, tour à tour passionnée, suppliante, furieuse, un louche individu, de face glabre et sournoise. Ne disant mot, mais prêt à l'assommer de son poing fermé, celui-ci la visait, indifférent, et comme habitué à cette tempête... conjugale.

— Dispute d'amants qui s'adorent, observa froidement M. Lapince.

J'essayai d'intervenir.

— Mais il va l'égorger ! lui dis-je.

— Oh ! vous exagérez ; il la corrigera, tout au plus. Que voulez-vous faire à cela ? Ni vous ni moi n'y pouvons rien. S'il plaît à la femme de ce Sganarelle de carrefour d'être battue, nous ne l'en empêcherons pas. C'est dans sa destinée. Entrons plutôt au bal Chabot.

Mais la pauvre égarée, reconnaissant l'agent, lui barrait le passage de son bras étendu, et le tutoyant en ami, adoucissant l'âpreté de sa voix, que des hoquets entrecoupaient, elle le prenait à témoin de la légitimité de ses griefs.

— C'est que, voyez-vous, s'écriait-elle, ça n'a pas de cœur ! C'est fainéant comme une couleuvre, et ça voudrait toujours avoir de la « galette » pour faire la noce avec les autres... Je n'en ai plus, et il me menace, le lâche ! Dis, est-ce que c'est juste ?

— Faites votre paix, la belle !

M. Lapince voulut bien lui donner cet avis, d'une sagesse philosophique incontestable, et d'un mouvement brusque se dégageant de son étreinte, il descendit les trois marches en contre-bas qui nous séparaient de l'anti-chambre du gracieux bal Chabot.

Moi, préoccupé d'une expression singulière de la fille, je voulus m'en éclaircir
aussitôt.

Le peuple du quartier Maubert, me disais-
je, a-t-il suivi le conseil de la sémillante du-
chesse de Polignac. Se nourrit-il de pâtisse-
rie à défaut de pain, de brioche ou de galette,
il n'importe ?

— La galette que cette femme partageait
avec son monsieur m'inquiète, dis-je à l'agent.
Ces gens sont-ils donc si gourmands ?

— Plaisantez-vous ? me répondit-il, étonné
de ma question.

— En aucune façon.

— La galette de cette femme, c'est du poignon.

— Ah ! Et du « poignon » c'est?

— Que vous êtes ignorant ! Le poignon
c'est de la monnaie.

— Très bien.

— Il me semble que vous ne comprenez
mot au langage des « gonses » que nous visitons.

— Des gonses ?

— Sans doute, des gonses et des gonzesses. Les habitués des établissements que nous fréquentons se désignent eux-mêmes par ces noms harmonieux.

— Je vous remercie de la leçon et j'en ferai mon profit. N'est-ce pas l'usage de cette langue que l'on appelle « rouscailler bigorne » ?

— Oui.

— Et les mots dont elle se compose ne sont-ils pas inscrits dans les dictionnaires de langue verte ?

— Il n'y a pas de véritables dictionnaires d'argot et il ne peut pas y en avoir.

— Pourquoi cela ?

— Parce que l'idiome des malfaiteurs change incessamment. Il faudrait être parmi eux, intimement mêlée à leur existence, pour suivre les rapides modifications qu'ils lui font subir. Un mot connu de la police est un mot perdu. Ils ne s'en serviront plus. Aussi l'argot d'aujourd'hui, 1883, n'est déjà plus celui de M. Maxime Du Camp, qui n'était plus celui d'Eugène Suë, et celui-là même ne ressemblait pas à l'argot de Vidocq et de Vautrin.

— *Galette, gonse, gonzesse, rupin,* — les jolies expressions que voilà, et quelles nobles recrues pour la langue de l'avenir ! Si le bon Malherbe, qui se flattait, au seizième siècle, d'avoir appris le beau français qu'il écrivait en écoutant les habitants du quartier Maubert, pouvait y revenir aujourd'hui, voilà pourtant ce qu'il entendrait à chaque pas.

Il est bien petit, le bal Chabot, mais par son charme concentré, il vaut un grand bal, comme un sonnet irréprochable, essence de poésie, vaut un long poème. Pour n'avoir pas la grandeur du Vieux-Chêne, ni le luxe de la Reine Blanche ou de la Boule Noire, il n'en est pas moins bien hanté, au contraire. Les jeunes gens d'avenir... correctionnel en préfèrent l'isolement et la simplicité sans re-

cherche au faste et au bruit révélateur des bals
« chics. » On s'y trouve en famille. Là, dans
la salle carrée qu'une corde sépare en deux,
faisant une place aux danseurs et l'autre aux
consommateurs, on peut alternativement
passer des plaisirs aux affaires. L'idéal du
genre, en résumé.

Qui l'aurait cru ? La musique déchirante
dont nos oreilles étaient émues, lorsqu'elles
étaient encore dans la rue Galande, cinq musiciens, nul de plus, suffisent à la produire :
deux violons, une clarinette, un piston, un
tambour, mais énergiques, stridents, terribles, tordent avec une irrésistible furia,
un entrain féroce, les nerfs ébranlés des sau-
teurs.

En ce moment, huit couples se trémoussent
dans un quadrille déclassé ; femmes au pi-
toyable métier, hommes inavouables. Le public, celui qui regarde en attendant son tour
d'entrer en danse, se tient debout, et nous
pouvons lire sur les murs une affiche ainsi
conçue :

Les bancs sont réservés aux dames seulement.

La galanterie ne perd jamais ses droits.

Les danseuses sont jeunes, les danseurs imberbes. Ceux-ci et celles-là débutent. Déjà, sur leurs visages pâles, la misère a mis sa marque, le vice son stigmate. Ces jeunes ont des rides de vieux. Puis toujours les mêmes yeux (décrits dans un précédent chapitre), clairs et durs chez les femmes, faux et vitreux chez les hommes. Que de visions épouvantables ont dû passer dans ces yeux-là pour les avoir ainsi séchés qu'il ne puisse s'y refléter une lueur de pensée intelligente, de sentiment délicat, ni même y perler une larme !

Mon guide m'entraîna dans un coin du bal.

— Écoutez sans en avoir l'air, me dit-il, le dialogue de ces drôles.

Mais leur entretien touchant à sa fin, nous n'en surprîmes que la conclusion. A eux deux, il se pouvait bien qu'ils eussent trente ans.

— Est-tu garçon ? interrogeait l'un.

— Oui, je suis garçon.

— Alors, tu ne crains pas les rousses?

— Je m'en..... moque. Si je les vois, je m'tire.

— Tu abouleras ce soir au truc?

— Pour sûr.

— C'est dit?

— Parbleu!

Ils se serrèrent la main et se séparèrent.

— Qu'est-ce que c'est qu'un *garçon?* dis-je à M. Lapince.

— Je vous répondrai chemin faisant; suivons-les. Nul doute qu'avant de battre le pavé, ils n'entrent chez le « Père Lunette ».

V

LES GARÇONS.

Nous eûmes bientôt dépassé la toute petite rue du Fouarre.

Fine, pénétrante, la pluie tombait, et nous glissions à chaque pas sur le pavé le plus raboteux et le plus fangeux de Paris.

Cette température mouillée et les désagréables accidents du terrain mirent l'agent de mauvaise humeur.

— Le diable soit, dit-il, de cet abominable quartier Maubert. Je payerais volontiers double cotisation municipale pour qu'il fût à son tour abattu et rebâti à la moderne !

Je fus, je l'avoue, choqué de son irrévérence pour un quartier vénérable , dont la curieuse antiquité, juste en cet instant, se représentait à ma mémoire.

— Ignorez-vous , lui dis-je , que nous sommes au carrefour du Paris le plus ancien, du Paris enfermé dans l'étroite enceinte de Philippe-Auguste , et que bornait de ce côté de la Seine, ainsi qu'en témoigne un pan de mur resté debout, le fossé fortifié de la rue Saint-Victor ?

Ne savez-vous pas que la rue du Fouarre, humble berceau de la science au moyen âge, s'appelait en 1260 la rue des Écoles, et que le nom qu'elle a gardé lui vient, écrit Sauval, « de la paille, ou *fouarre*, qu'on y vendait aux écoles les jours de leurs assemblées et actions publiques, et qui servait à joncher le sol, ainsi qu'aux écoles de médecine, pour y asseoir les écoliers, tandis que les régents et docteurs étaient assis sur des chaises et sur des sièges. »

Deux grands poëtes italiens, — le Dante et

Pétrarque, — étudiants ou voyageurs — au treizième siècle, apprenez cela, irrespectueux monsieur Lapince, se sont probablement assis sur ces bottes de paille ; ce qui ne les a pas empêchés d'écrire, le premier, la *Divine Comédie,* et le second, de mélodieux sonnets à la louange de la belle Laure de Noves.

Que dites-vous de cette paille réservée aux cérémonies solennelles ? Cela ne vous donne-t-il pas une belle idée de la physionomie du Paris savant au moyen âge ?

— Sans doute ; mais que voulez-vous prouver ? Que la paille est un siége universitaire excellent, et qu'il faut s'asseoir dessus pour être grand poëte ?

— Non pas. Convenez seulement que cette petite rue du Fouarre, si obscure et ignorée, est autrement illustre que le boulevard des Italiens ?

— Je n'y contredis pas, répondit l'ex-agent, mais je préfère le boulevard. Votre M. Sauval, Dante ou Pétrarque n'y feront rien, je suis pour la propreté, l'air et la clarté contre l'antiquité. Tout ce qui reste du vieux Paris disparaîtrait que je n'en regretterais pas une pierre. Je n'aime ni les taches ni les verrues, ni l'ordure.

— Bon! mais alors, plus de bouges, partant plus de malfaiteurs. Que devient votre métier?

Mon guide riait de m'entendre.

— Vous n'y pensez pas, dit-il, monsieur l'auteur. La basse pègre est ce qui nous occupe le moins. Les filous de la haute, les escrocs élégants, les joueurs et leurs tripots, les majors de tables d'hôte, les faussaires mondains, les étrangers à particules suspectes, les aventuriers enrubannés de décorations fantaisistes, les faiseurs de tous genres, et surtout ceux qui font grand, tous habitants de maisons somptueuses, locataires d'hôtels confortables, s'en iront-ils avec le vieux Paris? Non, puisque c'est la ville nouvelle, son luxe et ses commodités qui les attirent. Malins comme des renards, ces messieurs et ces dames ne sont pas faciles à prendre, et la brigade de sûreté ne sera jamais trop nombreuse pour les surveiller.

— Vous avez raison. Mais, je vous prie, qu'est-ce qu'un *garçon* ? Dites-le moi maintenant.

— Volontiers. Un garçon, c'est par définition, un membre participant, un affilié de l'immense confrérie des vauriens. Au demeurant, le mot le plus fin de l'argot actuel. Une trouvaille géniale. Pouvait-on composer une expression plus innocente que l'assemblage de ces six lettres g a r ç o n? Ce mot de passe, de ralliement et d'enrôlement des filous est tout simplement une merveille. Qui donc en entendant *garçon* s'avisera de comprendre voleur, coquin? Personne, assurément; et voilà le prodige, le trait d'une invention admirable.

Le garçon est le contraire, l'opposé, et l'ennemi du *type*.

— Et le type, c'est?

— Je vous l'expliquerai en quittant le père Lunette.

VI

Nous étions arrivés devant la porte de ce cabaret renommé dans le quartier Maubert.

Le patron de ce digne établissement rayonnait, jubilait, et serra la main de M. Lapince avec une inexprimable effusion.

Il avait salle comble.

— Si cela continue, dit-il, je pourrai bientôt me retirer des affaires avec des rentes, comme mon prédécesseur.

— C'est la grâce que je vous souhaite, dit poliment l'agent. — Puis s'adressant à moi :

— Croiriez-vous que le prédécesseur de

monsieur a fait en dix-huit ans une fortune de plus de cent mille francs?

— Quoi ! dans ce bouge sordide ?

— Nulle autre part. La clientèle est fidèle, on ne lui fait pas crédit d'une minute, et les consommations, bien qu'à très bon marché, sont achetées beaucoup moins cher encore qu'elles ne sont vendues. Du reste, le père Lunette dédaigne la réclame. Essayez de déchiffrer le rébus charbonné sur ce mur.

— Je parvins sans grand'peine à traduire :

« Ici l'on vend du vin sans eau, sans garantie du gouvernement. »

— N'est-ce pas joli ?

— C'est franc, surtout.

Cependant, j'observais attentivement les beautés singulières de ce cabaret borgne.

Le *Père Lunette* n'a pas l'ampleur superbe du *Château-Rouge,* mais il ne me paraît pas souffrir de son infériorité. Il a ses avantages qui sont exquis. Si le *Château-Rouge* a la grandeur et la foule, il faut convenir, en revanche, qu'il réunit dans sa vaste salle toutes

sortes de galvaudeux ; c'est un défaut. Plus
tavorisé, le *Père Lunette*, qui connaît ses de-
voirs de bouge et sait les remplir, a pour
commensaux les délicats et les raffinés de la
canaille. Passé minuit, ces personnages distingués s'y rassemblent pour former une
société d'élite en dehors et bien loin de l'accès des bourgeois profanes.

Unique est la salle du cabaret, étroite, plus
longue que large. Dans cet espace restreint,
les bancs touchent les bancs, les buveurs coudoient les buveurs, les hommes et les femmes
se mêlent dans une inquiétante fraternité. A
moins d'être de la « maison », on ne saurait y
trouver place, mais si puissante est l'influence
de M. Lapince, qu'on voulut bien, à la table
du fond, se serrer un peu pour nous permettre
de nous asseoir.

Seulement, l'entretien de nos voisins fut
suspendu, et des regards en dessous, à la fois
craintifs et menaçants, regards de fauves
domptés, saluèrent l'ex-agent gêneur.

Comme il a l'habitude de ces distinctions,

il n'a garde de s'en formaliser et ne s'en met jamais en peine.

— L'originalité de ce cabaret, me dit-il, est d'être un bouge illustré, artistique. Que pensez-vous des dessins qui couvrent les murs ?

Je ne les avais pas encore aperçus.

Au premier abord, c'eût été difficile.

L'âcre vapeur du vin chauffé et de l'alcool brûlant, l'épaisse fumée des pipes condensée en un brouillard flottant, enveloppaient dans une opacité blonde, vagues, indistinctes et presque imaginaires, les formes des choses et des gens.

Il fallait à nos yeux le temps de s'accoutumer à cette atmosphère trouble.

Peu à peu, dégagées de leurs voiles, m'apparurent, grossièrement figurées, dues au fusain de quelque bohême de bas étage, les malpropretés dont se repaissent les imaginations purement animales des êtres immondes. Esquisses brutales d'une pornographie outrée, railleries naïves de l'honnête, cruelles négations de l'idéal, naturalisme sincère des misérables.

Pour les habitués du *Père Lunette* ces las-
civités, dont je ne puis ici donner aucune idée
précise, sont un régal de haut goût. Les tur-
pitudes les charment, les excitent, les ins-
pirent. Ils ne se lassent pas de les regarder.
Leur admiration pour la saleté tourne à l'ex-
tase. Une seule impression peut en eux dominer celle-là, et les journaux qui se font une
industrie spéciale d'illustrer les crimes san-
glants — travaillant ainsi à l'édification autant
qu'au perfectionnement des scélérats — la leur
donnent une fois par semaine.

— Vous m'avez demandé mon opinion sur
ces dessins, dis-je à mon guide. Il n'y a pas
deux façons de les apprécier : ils sont hideux.
D'où vient qu'on les tolère ?

— Voudriez-vous qu'on les fît effacer ? De
quoi cela servirait-il ? Ces dessins n'offensent
point les mœurs de ces gens, qui n'ont point
de mœurs.

J'allais peut-être développer une théorie
humanitaire quand un impératif : Silence!
me coupa la parole.

Silence ! on va chanter.

Et, en effet, ils chantèrent.

Ce fut d'abord une femme, vêtue de maigres haillons. Debout, souriante, et promenant sur l'assistance un regard effronté, elle attendit, pour se faire entendre, que l'attention fût devenue générale.

Déjà nous l'écoutions tous, sauf pourtant un Limousin en rupture de chantier, à l'ivresse rétive. D'un ton aviné, il psalmodiait une complainte du métier — en l'honneur des bons compagnons maçons — et prétendait l'achever.

> Pourquoi cherchez-vous carillon
> A nous autres, braves compagnons,
> Qui sommes venus retouiller
> L'ouvrage que vous avez souillé ?

Mais cette mélodie n'avait pas le moindre succès, et comme il voulait continuer, un habitué, brandissant une bouteille vide, menaça de la lui casser sur la tête. Cela le fit taire.

Alors, la femme clama d'une voix de cuivre, une grivoiserie bête. Actrice autant que chan-

teuse, elle souligna les gravelures des couplets
d'une mimique expressive, de sorte qu'aucune des suavités de cette ordure rimée ne
fut perdue. Aussi quel triomphe !

Comme elle devait les empoigner, cette si-
rène du bouge ! Ravis des sonorités de son
organe, sensibles aux intentions crapuleuses
de ses gestes, les habitués se pâmaient d'aise,
l'applaudissaient frénétiquement—et, marques
plus touchantes d'admiration — remplissaient
à l'envi le verre de punch qu'elle lampait d'un
trait à chaque couplet.

Enfin, elle s'arrêta, saoûle, exaltée, et elle
s'assit, saluée d'un murmure flatteur.

— Elle a de l'estom, la gonse !

— Elle n'est pas poitrinaire !

— Y a pas beaucoup d'hommes qui chante-
raient comme elle !

— Le fait est qu'après la diva, il devait être
malaisé de soulever l'enthousiasme.

Un monsieur l'essaya cependant ; si quel-
qu'un pouvait y réussir, c'était lui. Il était
beau ! Non comme l'Apollon Pythien, mais

de la beauté qu'on estime en ce milieu. Petit, trapu, râblé, la face pâle, le nez coupé en deux par une cicatrice creuse, les cheveux ramenés en rouflaquettes sur les tempes, la bouche torse, les yeux ronds, agile, impudent, sinistre.

Il se leva d'un air modeste, s'excusa de chanter après la « gonzesse », et commença une... romance sentimentale, plaintive. Cela avait pour refrain : « *Voilà, messieurs, ce que Dieu n'a pas dit !* »

Il y était parlé des pauvres gens qui sont rongés par les riches, des prêtres qui n'imitent pas le républicain Jésus-Christ... Que sais-je encore ?

N'étant pas applaudi, il parut fâché, il dit qu'on ne s'y connaissait pas, qu'on ne faisait pas les « mariolles » avec lui, que sa romance était « chouette » — que c'était du « Béranger » — et qu'enfin il allait leur en « pousser une autre ».

Qu'on y consentit ou non, il entonna, sur un rhythme monocorde, dans un argot rageur, une poésie lancinante à la louange des

« grinches ». Cette fois, il fut compris ; il eut son succès.

Les chanteurs se succédèrent rapidement. Parmi eux, un jeune homme, vêtu d'une redingote noire râpée, déserteur de l'atelier, ou bien irrégulier du bureau, réfractaire ou paresseux, prit une pose distinguée, et fit résonner la banalité patriotique :

> Je bois aux légions des fils de la patrie !
> Aux Kléber, aux Hoche, aux Marceau !

Et la satire politique :

Ils ont toujours trahi — les faux républicains, — mais

> Vous les voyez à la tribune
> Quand l'occasion est opportune,
> Nous parler de gloire et d'honneur.
> Blagueurs !

Ce rapsode eut aussi son triomphe !

Car, encore que cela surprenne, il en est ainsi. Les paroles ardentes trouvent un écho dans les pauvres cervelles endolories des misérables. Le grand mot de Révolution répond en eux à je ne sais quelle idée vague d'affran-

chissement et de délivrance et leur remue le
cœur ! Dégradés, repoussants, abjects, ils
songent confusément qu'on a fait dans le
temps un effort suprême pour les arracher à
leur ignominie. Qu'était-ce ? Ils ne le savent
pas bien, ils ne vous le diront pas clairement,
et n'en tressaillent pas moins aux chants qui
leur rappellent la glorieuse époque. D'instinct,
ils aiment la patrie ; il leur reste cela d'honnête et de désintéressé. Par ce lien puissant,
ils tiennent toujours à la société.

Et dominant notre dégoût, nous estimons
que de cette boue parisienne, on pourrait pé-
trir encore l'argile inébranlable de nos mu-
railles, l'héroïque chair à canon des champs
de combat de la revanche.

VII

LE CAVEAU DES HALLES.

La grande horloge de Saint-Séverin sonnait une heure du matin quand nous quittâmes le père Lunette.

Il faisait un temps affreux. Une brise de Seine, trempée de pluie, nous fouettait le visage à la façon d'une douche glaciale.

— La fraîcheur a du bon, dis-je ; mais, à cette dose, il est bien permis de la trouver excessive.

L'agent ne sourcillait pas.

— Vous êtes douillet, me dit-il. Si vous aviez fait notre dur métier, vous seriez aguerri contre les intempéries des saisons.

Il m'est arrivé cent fois de passer blanches des nuits pareilles à celle-ci, à pourchasser un scélérat qui, le plus souvent, me jouait le mauvais tour de ne pas se laisser prendre, ou qui même, le cas n'est pas très rare, n'existait pas.

— Quel mystère! — Expliquez-moi cela, lui dis-je, vivement intrigué.

— Mon Dieu, reprit-il, le chantage nous fait de ces plaisanteries. A côté, bien près des gredins, il y a l'aimable engeance des farceurs. Les uns tuent violemment, — les autres mystifient — et quelquefois tuent tout de même, par la peur. Tenez, un exemple entre mille. Un désœuvré écrivit récemment — histoire de rire un peu — une lettre d'épouvantables menaces à son ennemi intime. Cela pouvait se résumer ainsi : Si demain à telle heure de la nuit, je ne trouve pas dans le bois de B... (village de Normandie dont je suis obligé de taire le nom), au pied du cinquième arbre de l'avenue des Chasseurs, la somme de 10,000 francs, vous êtes un homme mort ! Rien de plus absurde, n'est-ce pas?

Eh bien ! vous allez voir les conséquences de ce trait d'esprit ! La lettre, envoyée par celui qui l'avait reçue au procureur de son département, parvint au préfet de police et rebondit à la sûreté. Bon ! Aussitôt, deux agents, et des plus fins, en campagne. Pendant deux jours de vingt-quatre heures, mes camarades eurent la constance d'attendre, en pleine forêt, morfondus et grelottants, un malfaiteur qui, sûr de n'être pas pris, se gaussait d'eux sous sa couverture.

— Est-ce possible ? Comment ne mettez-vous pas au panier, sans les lire, ces lettres ridicules ?

— Ce serait imprudent. L'avis peut être utile. Qui sait ? A la suite de cet avertissement, supposez un malheur ; qui serait accusé ? Nous, toujours nous, l'infâme police ! Le public peut nous mépriser, nous traiter de roussins, nous n'en devons pas moins veiller, coûte que coûte, souvent la santé, parfois la vie, — à sa sûreté.

— Quelle humble profession publique se

pourrait remplir sans dévouement? pensais-je, et comme il est injuste le préjugé qui nie celui de ces utiles serviteurs de l'ingrat monsieur Tout le Monde.

— On croit en être quitte envers nous en nous donnant un morceau de pain — oh! bien mince, pour ne pas nous étouffer — reprit mélancoliquement l'ex-agent; et l'on nous refuse l'estime, qui nous ferait tant de bien. Il y a encore des naïfs persuadés que nous sommes d'anciens repris de justice. C'était vrai du temps de Vidocq. Aujourd'hui, il n'est pas un agent commissionné dont le casier judiciaire ne soit parfaitement net. Nous sommes d'honnêtes gens.

Pour toute réponse, je lui serrai la main.

A cette heure extra-matinale, les maraîchers encombraient les abords des Halles, et nous cheminions à petits pas entre les voitures pressées, que les paysans, en limousines grises, et les paysannes, frileusement encapuchonnées, s'évertuaient à décharger de

leurs provisions, parfumées d'une fraîche
odeur de campagne. Tout le Paris qui veille
pour nourrir et approprier le Paris qui dort
était là, remuant, fureteur : petits et gros marchands, acheteurs pour restaurants, bouque-
tières, hommes de peine, balayeurs entassés
chez les marchands de vins ou formant un
cercle bavard et gai autour des débitantes
de soupe chaude aux légumes et de petits
noirs à trois sous — quatre sous avec la
goutte — bonnes commères qui ne manquent
jamais de réparties salées.

Toutes les abeilles de cette ruche connais-
saient mon guide et le saluèrent au passage d'un
long bourdonnement. — Bonjour, monsieur
Lapince! — Comment ça va, monsieur Lapince?

— J'ai beaucoup fréquenté ce quartier, me
dit-il. Jadis, les arrestations y étaient extrêmement nombreuses. A présent même, on met
encore en moyenne trente vagabonds par nuit
au violon. Cependant la moralité des Halles
s'est améliorée, et nous n'y trouverons plus de
bouge comparable au célèbre Paul Niquet.

Nous étions devant la porte du *Caveau*.

Le personnage bizarre qui défend, armé d'un gourdin, l'entrée de ce cabaret aux clients trop compromettants, s'écarta respectueusement devant nous.

Nous entrâmes.

Le vestibule du caveau, placé au niveau du sol, et d'où ne peuvent s'entendre, si furieux qu'ils soient, les bruits, querelles ou batailles du dessous, est une boutique de marchand de vins confortable, de l'aspect le plus paisible. Sous les feux du gaz, le comptoir d'étain, astiqué, frotté avec soin, a l'éclat de l'argent; les tables de marbre, scellées au plancher, sont d'une netteté parfaite. Dès l'entrée, on y respire l'odorant fumet de victuailles rôties, et la cuisine en doit être excellente, à en juger par la présence des maraîchers cossus, gens d'un goût difficile, qui choisissent volontiers cet endroit pour se restaurer.

Il va de soi que le public interlope ne séjourne guère dans ce vestibule privilégié : le caveau lui est réservé.

Nous descendons, en tâtonnant, l'escalier en spirale, aux marches de pierre glissantes, usées et courbées qu'elles sont par le frottement des siècles écoulés, qui conduit sous la voûte sépulcrale de l'ancien charnier des Innocents.

Car c'était là qu'autrefois, et vers le commencement de ce siècle encore, étaient entassés pêle-mêle les ossements des morts enterrés dès le haut moyen âge dans la terre sainte du cimetière des Innocents — ossements pieusement exhumés de l'ancienne nécropole parisienne, si encombrée qu'il fallait absolument faire place à la foule des morts qu'on y apportait — recueillis et disposés avec une sorte de coquetterie en pyramides funèbres , et depuis transportés aux catacombes, où nous pouvons aujourd'hui leur rendre visite.

Et déjà en 1780 — au juste scandale des Parisiens, si pénétrés toujours de vénération filiale pour les ancêtres disparus — des marchands étalaient boutique dans les sombres caves du charnier. A côté des trophées de

crânes, de tibias, de fémurs bizarrement ar-
rangés ou formant, par d'ingénieuses juxta-
positions, des emblèmes mystiques, s'offraient
aux regards des chalands les marchandises
des juifs, vieilles ferrailles, meubles anciens,
loques fanées, brocanterie du temps.

Si grande devint l'indignation publique
que l'autorité s'émut et que, à la requête de
monsieur le lieutenant criminel chargé de la .
police, un édit daté de 1786 ordonna l'expul-
sion des profanateurs.

Est-ce une illusion? Nous n'oserions nous
prononcer. Mais il nous semble que le caveau
des Halles a gardé l'odeur humide et sûrette
d'un tombeau. On y ramasserait par hasard
une tête vide oubliée là par les déménageurs
qu'on ne serait pas outre mesure étonné de
cette trouvaille singulière.

Heureusement pour leur digestion, les habitués du lieu n'ont pas de ces pensées et je
gage qu'un souvenir historique n'a jamais
troublé leurs ébats.

En ce moment, ils sont peu nombreux, nonchalamment assis, disséminés çà et là dans les vastes salles en arceaux que soutiennent de massifs piliers.

Ils font peu attention à nous, ce qui nous permet de lire et de noter à la hâte les inscriptions modernes qui tiennent la place des inscriptions édifiantes d'antan, — commentaires brefs et précis des habitudes et des mœurs des clients.

Rien de plus instructif que cette lecture; elle nous apprend que le 8 juin 1880, Victor Dupont (de la Bastille) a formé ce double vœu :

« Mort aux vaches ! Vive les petites femmes ! »

Fil-de-Fer, de Montmartre, n'ayant sans doute rien à dire, s'est contenté de graver son adresse.

Un anonyme souhaite :

Bien le bonjour à tous les *garçons* de la part des frayeurs de bocks à 15 — de Montmartre.

— Nous aurons l'occasion, me dit M. Lapince, de visiter les intéressants frayeurs de bocks à 15 de Montmartre. Il s'agit d'un é■blissement où se réunit la fine fleur, le dessus du panier de la *jeunomancie*. Vous m'en direz des nouvelles. Mais lisons :

— Illustrant sa pensée d'un cœur traversé d'une flèche, *Bibi Mallet* (de la Bastille) a résumé ses nobles sentiments dans cette formule aussi concise qu'énergique :

Mort aux filles infidèles ! Vivent les hommes!

Péniche, la Bobine du Trône, rimeur inventif, très digne de collaborer aux feuilles pornographiques en vogue — où son beau talent trouverait, nous n'en doutons pas, des admirateurs et des émules — a crayonné un couplet dont le sieur Émile Blain apprécierait l'étonnante obscénité.

Fleur de l'ordure, la littérature grivoise pousse d'elle-même, s'épanouit sans culture à l'ombre humide des bas-fonds parisiens, comme dans le marécage désert la plante laide et malsaine, comme la moisissure vénéneuse dans la maison delâbrée, ouverte à l'eau stagnante des pluies, à tous les ravages de l'air.

L'imagination des scélérats, sans cesse en fermentation putride, est, à cet égard, infiment plus riche et féconde que celle du marquis de Sade ou de l'Arétin.

Péniche, la Bobine du Trône, a signé sa composition poétique de ce pseudonyme conséquent : le Maq... de Flora...

VIII

Pendant notre examen consciencieux de ces curiosités murales, le Caveau s'était empli de la foule de ses habitués. Dans chacune de ses salles régnait une animation tapageuse qui, peu à peu, devenait un bruit assourdissant.

Rôdeurs, loupeurs, souteneurs, filles, se pressaient autour des tables, retentissantes du choc des verres et du tumulte des conversations. Toutefois, dans cette cohue patibulaire, pas une blouse, pas un prolétaire. Tous gens comme il faut, portant le vêtement de drap bourgeois. Telle est la sévère étiquette du lieu. Entre ces messieurs, les souteneurs brillent par la recherche ordinaire de leur toilette; ils n'ont pas seulement sur la tête les glorieuses casquettes de soie que l'on sait — mais aux pieds de jolies pantoufles brodées qu'ils étalent complaisamment, fiers de leur chic, étendant quelquefois leurs jambes sur la table pour qu'on puisse mieux admirer le dernier cadeau de leurs « dames ».

Nerveuses, plaintives ou riantes, ces dames racontent d'un accent frébrile, emporté, railleur, leurs aventures de la nuit, et, leur porte-monnaie à la main, rendent leurs comptes. Quelques-unes, presques timides, lèvent sur leurs « amis » des yeux suppliants où se lit la peur d'être battues. Elles n'ont pas fait recette, les pauvrettes. Eux, ils écoutent impassibles, daignent parfois sourire quand ils sont satisfaits, sinon, mâchonnent entre leurs dents de furieuses menaces. Alors, pour les apaiser, les infortunées affectent une joie violente, les embrassent, se moquent avec eux de ceux qu'elles nomment d'un mot bizarre : « les pantes », et, sous leur cynisme apparent, cachent une douleur si vraie, une souffrance si aiguë, que je ne puis m'empêcher de les plaindre.

— Malheureuses, malheureuses femmes ! dis-je à M. Lapince.

— Il est vrai, me dit-il, elles font compassion. Entraînées, puis exploitées par les vils gredins qu'elles nourrissent du gain de la prostitution, vouées, pour vivre, au plus infâme métier, obligées d'étouffer en elles toutes les délicatesses, toutes les pudeurs de la femme, méprisées, surveillées, hors de la loi commune, leur existence est un supplice qui ne cesse qu'à la mort. Accordez-leur votre pitié, j'y consens ; mais n'allez pas au delà. N'oubliez pas qu'elles sont dangereuses, non seulement pour la santé, mais pour la sécurité publique.

Je puis, moi, vous en parler savamment. Dans tous les crimes dont Paris est le théâtre, nous les retrouvons, associées aux malfaiteurs. S'agit-il d'une enquête judiciaire? notre premier soin est de chercher la femme. La femme prise, le scélérat est bientôt capturé. Et qui nous renseignerait, si la police des mœurs, de qui dépendent les filles — et que l'on propose étourdîment de supprimer — n'existait pas?

— Voilà bien de nos novateurs ! ajouta-t-il en riant. Une institution indispensable offre-t-elle des abus, loin de chercher les moyens pratiques de l'amender, ils en demandent la suppression immédiate; c'est évidemment plus commode et plus tôt fait. Advienne ensuite que pourra. Ils se laveront les mains du mal qu'ils auront aggravé.

— Cependant, observai-je, vous avouez qu'il y a des abus ?

— Eh ! quelle institution n'en a pas ? Ah ! qu'il serait plus intelligent à nos conseillers municipaux d'exiger l'exécution stricte de la loi du 9 juillet 1852, qui permet à l'administration d'interdire le séjour de Paris à tous les gens sans aveu étrangers au département de la Seine !

— Ces misérables sont-ils donc si nombreux ?

— Il y en a peut-être 50,000 — l'effectif d'un corps d'armée. Certains quartiers en regorgent, la banlieue en est infestée. Leur audace, toujours croissante parce qu'elle est tolérée, ne recule devant aucun scandale. On les rencontre partout. Le soir, ces oiseaux de nuit n'hésitent pas à braver le dégoût public sur les trottoirs lumineux des grands boulevards, où leur présence est à la fois une honte pour Paris et une insulte pour tout le monde.

— Ne pourrait-on pas, lui dis-je, opérer une rafle complète de ces « hommes de qualité » — c'est ainsi qu'on les désigne dans un ordonnance royale de 1788 — et les expédier après constatation d'identité, en Nouvelle-Calédonie ? Peut-être y feraient-ils souche d'honnêtes gens ; on a vu de ces miracles.

Je prends sur moi d'affirmer que M. La-

pince n'était pas éloigné de partager cet avis,
mais déjà, les yeux obstinément fixés sur un
coin de la salle, et très attentif à ce qui s'y
passait, il ne m'écoutait plus.

Je suivis la direction de son regard, je ne
vis rien de surprenant.

Un groupe de jeunes gens blêmes, frais
rasés, peignés avec un soin excessif, méticu-
leusement vêtus, aux manières étrangement
prétentieuses, arrondies et mignardes, occu-
paient une table d'où partaient de douceâtres
« ma chère », « ma toute belle », de petits
rires imités de l'autre sexe, jusqu'à faire illusion à l'oreille.

Ces messieurs préoccupaient-ils à ce point
M. Lapince?

Je m'adressais *in petto* cette question, lorsqu'un individu, que je n'avais pas encore
aperçu, caché qu'il était par un pilier, se leva
et, s'approchant de la séduisante jeunesse que
nous avons décrite, la salua avec une politesse
affectée, mais sentant son homme bien élevé.

— Messieurs, leur dit-il en bon français, mais avec un accent légèrement britannique, veuillez excuser l'indiscrétion que je vais commettre. L'un de vous a bien voulu m'alléger hier de ma montre, qui fait en ce moment même un effet superbe à son gousset; un autre membre de votre société m'a débarrassé ce soir même de ma bourse; il me reste encore mon pardessus, mon chapeau et mon paletot, et je viens vous les offrir pour vous épargner la peine de vous déranger. Si vous avez l'adresse de les prendre sur moi, sans que je vous aide à me dépouiller, ils sont à vous. On n'est pas, convenez-en, gentlemen pick-pockets, de meilleure composition. Pour ma montre et ma bourse que vous avez eu l'indélicatesse de me voler, sans me prévenir de vos intentions, j'ai le regret sincère de vous les réclamer.

Ce petit speech, débité du ton flegmatique particulier à John Bull, mais d'une voix clairement timbrée, attira sur l'étranger l'attention de tous les clients du Caveau.

Il est à peine besoin de dire que cette attention était loin d'être sympathique. L'excentricité de l'Anglais semblait généralement d'assez mauvais goût. Il fallait qu'il fût bien de son pays pour s'aviser de parler de vol, et surtout de restitution, dans une compagnie de chenapans émérites.

Toutefois, les opinions différaient encore et les attitudes étaient fort diverses. Les uns, supposant une plaisanterie, riaient aux éclats, les autres, flairant une affaire sérieuse et pressentant une scène de haute lutte, supputaient gravement les forces du provocateur inconnu, et convenaient volontiers qu'il y aurait du fil à retordre avec ce « mâle » taillé en hercule et certainement résolu.

Quant aux jeunes gens interpellés, d'abord assez interloqués, ils s'étaient vite remis de leur émotion et s'encourageaient mutuellement à blaguer l'étranger, sur qui les quolibets pleuvaient dru comme grêle.

— D'où donc qu'tu sors, eh ! fourneau !

— Où qui met ses pieds, l'pante ?

— En a-t-il un caillou !

— J'vas t'coller un gnon sur la face, si tu te débines pas !

Lui, en homme sûr de sa force, demeurait impassible, campé devant eux, attendant que les cinq minutes fussent passées.

— Vous allez, me dit M. Lapince, assister à un combat singulier. On échangera des coups de poing, peut-être des coups de couteau. N'intervenez pas. Les bagarres sont toujours nuisibles à ceux qui s'y mêlent, et vous pourriez attraper un horion qui ne vous serait pas destiné. Attendez un peu, ce sera drôle.

Pour cette fois, mon guide se trompait.

Le petit drame joué devant nous ne devait pas avoir un dénouement tragique. La tempête soulevée par l'insulaire allait s'apaiser soudainement, à la voix inattendue d'un des collègues de M. Lapince, qui, parfaitement ignoré dans la foule, où son déguisement lui permettait de se dissimuler, préparait déjà son *quos ego*...

Il était temps qu'il intervînt.

L'affaire se corsait, le danger devenait imminent.

Sans rien perdre de son admirable sang-froid, l'insulaire, saluant de nouveau ses voleurs, leur avait dit :

— Gentlemen pick-pockets, le délai que je vous ai accordé est fini. Puisque vous ne me rendez ni ma montre, ni ma bourse, je vais les prendre.

Aussitôt dit, aussitôt à l'œuvre. Saisissant ainsi qu'il eût fait d'un enfant le jeune drôle au gilet orné d'une montre et d'une chaîne élégante, il l'avait soulevé au-dessus de la table, à bout de bras, et s'était paisiblement remis en possession de son bien.

Il allait faire de même pour la bourse, on ne lui en laissa pas le temps.

Sournoisement, quelques habitués s'étaient approchés de lui. L'un d'eux s'apprêtait à le terrasser par derrière, quand un autre plus actif, visant au front, lui lança un formidable coup de poing, que fort heureusement l'Anglais esquiva.

Mais les assaillants, immédiatement enveloppés dans une boxe prestigieuse, secondée d'une étincelante volée de chausson, furent châtiés de leur témérité, et roulèrent à terre avant d'avoir pu même esquisser une parade.

— Bravo ! bien appliqué ! dit une voix impérative, et maintenant en voilà assez ! Tout le monde tranquille, ici ! ou gare à la « sourde » pour les *bâtons rompus* et les *vieilles cannes !*

— C'est un collègue, me dit M. Lapince. Ma foi ! il arrive à propos. Je crois reconnaître *le Furet.*

Comme par enchantement, tout était déjà rentré dans l'ordre, et l'Anglais remis en possession de sa bourse, allégée, il est vrai, de ce qu'elle contenait, félicitait chaudement l'agent, qu'il considérait à juste titre comme son sauveur.

— Vous êtes bien imprudent, Monsieur, lui dit l'agent, et la curiosité qui depuis trois jours vous conduit dans tous les mauvais lieux de Paris, aurait pu vous coûter cher, si je ne m'étais trouvé là. Croyez-moi, cependant, ne restez pas davantage, suivez-moi hors d'ici. Nous causerons dans la rue plus à notre aise. Profitons de la surprise de ces gredins pour nous éloigner; dans quelques minutes, il serait peut-être trop tard.

Ils partirent, et nous les suivîmes.

Cet Anglais singulier m'intéressait.

IX

J'avais hâte d'apprendre le motif de son étrange escapade.

M. Lapince eut bientôt rejoint le Furet, lui serra cordialement la main et le félicita de son courage.

Avec la meilleure grâce du monde, l'étranger se présenta de lui-même.

— Messieurs, nous dit-il, je me nomme Seeker, chef de la maison Seeker-Barking and Cᵒ de Londres, honorablement connue sur divers points du globe, notamment à Sydney, au cap, à Calcutta et dans la Cité. Caoutchouc et gutta-percha des Indes — à

votre service. — Malgré les apparences, je
ne suis ni monomane, ni excentrique, ni atteint de spleen, et je ne cherche dans les
mauvais lieux de Paris ni de périlleuses émotions, ni de bizarres plaisirs.

Ma fortune me permet de voyager à ma
fantaisie et de courir les aventures. Mais j'ai
déjà vu le monde entier, du pôle Nord au
pôle Sud et de l'équateur Est à l'équateur
Ouest. Ma curiosité est assouvie. Je connais
les mœurs de tous les peuples et de toutes
les plèbes. La capitale de la France n'a rien
à m'apprendre. Vous avez pu le constater par
vous-même, les habitués du Caveau, qui sont
pourtant fort remarquables, ne m'ont fait aucune impression.

Je crus devoir complimenter M. Seeker sur
l'imperturbable sang-froid dont il avait donné
des preuves.

— Nous avons été charmés de votre rare
vigueur, lui dis-je, mais plus encore de votre
étonnante assurance.

— Oh! cela n'est rien, reprit-il négligemment; j'ai visité les tavernes de Wapping et de London-Bridge, où mes compatriotes n'osent jamais entrer, qu'il fasse jour ou qu'il soit nuit. L'audace m'est facile. J'ai contracté l'habitude du danger en pénétrant à toute heure dans nos public-houses mal famés, auprès desquels, — cela soit dit, messieurs, sans offenser votre amour-propre national, — vos cabarets borgnes parisiens sont d'honnêtes établissements.

M. Lapince l'interrompit :

— Quel est donc votre but, monsieur Seeker ? S'il ne vous est pas interdit de nous le révéler, nous pourrons peut-être vous aider à l'atteindre.

Chose inouïe ! A cette demande, ce ne fut pas M. Seeker, mais le Furet qui répondit.

— Mon cher collègue, dit-il, M. Seeker cherche dans Paris, après avoir inutilement fouillé toutes les grandes villes du Royaume-Uni, une jeune fille du nom de Mary Middleton.

Stupéfait, les traits bouleversés par une inexprimable surprise, M. Seeker écoutait l'agent.

— Comment savez-vous cela ? lui dit-il enfin d'une voix profondément émue.

— Monsieur, c'est le secret de notre police, il ne m'est pas permis de le dénoncer. Je puis ajouter à ce que je vous ai dit de Mary Middleton, qu'elle est grande, brune, fort jolie, âgée de 22 ans, qu'elle a quitté sa famille et sa ville natale depuis trois ans, à la suite d'un profond chagrin d'amour et d'un revers de fortune qui l'éprouvèrent en même temps.

— Tout cela est exact, reprit M. Seeker Vous êtes parfaitement informé. A vos renseignements, j'ajouterai ceci : J'étais le fiancé de cette jeune fille lorsqu'il y a cinq ans je partis pour nos comptoirs du Cap, où ma présence était nécessaire. Je comptais ne pas être absent plus de deux ans, et dès mon retour, notre mariage devait avoir lieu. Malheureusement, les affaires de notre maison m'appelèrent du Cap en Australie.

Pendant ce voyage, le dernier, mon pauvre ami Middleton, engagé pour une somme considérable — et dépassant même sa fortune — dans les spéculations d'un banquier qui fit faillite, se trouva littéralement ruiné. Il m'écrivit, je lui répondis aussitôt ; ma lettre ne lui parvint pas. Le désespoir l'avait tué avant l'arrivée de la malle des Indes à Brindisi.

Sa fille restait seule au monde, sans appui, sans autre ami que moi. Mais, déçue par ma longue absence, ne croyant plus à mon retour, doutant de mon affection et persuadée peut-être que sa pauvreté serait un obstacle infranchissable à notre union, elle quitta Londres pour n'y plus revenir.

Eh bien ! Monsieur, je me suis donné la tâche ingrate de la retrouver et de l'arracher à la misère. J'ai déjà tenté mille démarches infructueuses, j'ai mis sur pied toute la police anglaise ; peine perdue. Des annonces insérées dans tous les journaux locaux ne m'ont donné aucun indice.

Si, je me trompe. Un des nombreux émissaires que j'avais envoyés sur tous les points les plus fréquentés du pays m'apprit qu'une jeune fille dont le signalement était à peu près celui de Mary venait de passer en France, où elle suivait un des réfugiés communalistes que l'amnistie rapatriait.

Je fus un moment atterré de cette nouvelle, anéanti de douleur.

Mary était coquette et faible, légère et frivole, et je l'aimais, je vous l'avoue, à cause de ces défauts agaçants, qui seyaient bien à sa jeunesse et à sa beauté, et qui nous séduisent plus que ne font les qualités solides.

Je me rappelais les penchants de son caractère facile, son imagination romanesque, où le monde réel, froid et calculateur, se transformait en un monde idéal, expansif et généreux, son ardent besoin d'être aimée, de s'abandonner à la caresse des petits soins, des flatteries, des prévenances intéressées, et je me dis qu'au premières paroles d'amour, aux promesses de fidélité murmurées à son oreille candide par le premier homme qui s'est aperçu qu'elle était belle, chaste et sans défense, elle avait dû succomber.

Depuis, qu'est-elle devenue?

Cette question m'épouvante.

Elle me déchire comme un remords.

Le malheur qui l'a frappée, c'est moi qui l'ai causé. Pourquoi n'étais-je pas auprès d'elle quand son père, l'excellent Middleton, mourut? — Nous étions fiancés, je devais la protéger, veiller sur elle; je l'avais solennellement promis.

Je suis un parjure et un insensé. Pour de misérables intérêts de fortune, j'ai négligé l'essentiel. En cherchant à rendre ma vie plus brillante, je l'ai à jamais assombrie puisque j'ai perdu tout ce qui en faisait la gloire et le charme. Mon ambition a tué mon bonheur.

Je ne me plains pas, mais si ma faute peut encore être réparée, j'y emploierai toute mon énergie, toutes les ressources de ma fortune.

— Vous croyez donc que Mary Middleton est à Paris? interrogea le Furet.

— Je ne crois rien, je ne sais rien, je cherche. Mary est si bonne qu'on a pu la tromper, l'a bandonner lâchement, sans qu'elle ait essayé la moindre résistance. Du reste, qu'eût-elle fait? Votre loi ne protège pas les femmes comme notre loi anglaise. Vos juges ne reconnaissent pas les engagements les plus sacrés, et vos séducteurs ont toute licence pour mal faire.

Si mon affreuse supposition est fondée, Mary, délaissée, pauvre, parlant à peine le français, est peut-être, de chute en chute, tombée bien bas.

Paris a d'effrayants abîmes, où je me jette en frémissant, dans le douloureux espoir de l'y retrouver, égarée, souillée, infâme, mais non corrompue, et capable encore d'ouvrir les yeux à la lumière du ciel, son âme au repentir et de recouvrer le calme d'une vie tranquille, à défaut du bonheur perdu pour tous deux.

Au ton sentimental et pénétré de M. Seeker prononçant ces derniers mots, je crus discer-

ner en lui l'un de ces anglicans, dévots jusqu'au mysticisme, qui forment à Londres de
nombreuses associations pour l'édification des
prostituées. Il me semblait le voir, membre
d'une de ces pieuses confréries, distribuer le
soir, dans les rues populeuses de la Cité, de
petits papiers zélateurs où les filles sont in-
vitées à « *prendre le thé en compagnie d'amis
sincères* », — invitation dont elles n'abusent
pas, — au contraire.

Son amour pour Mary Middleton s'était
évidemment changé en un désir très vif et
très persévérant de la ramener, selon le style
biblique, « dans les voies du Seigneur. »

Cependant nous avions depuis longtemps
dépassé les Halles, et marchant à la suite de
l'intéressant M. Seeker, nous nous trouvions
arrêté devant un hôtel magnifique situé près
de l'Opéra.

— Avant de nous séparer, monsieur Seeker, lui dit le Furet, veuillez me dire si vous
tenez beaucoup à continuer vos excursions
dans le Paris interlope.

— Infiniment, répondit-il.

— En ce cas, permettez-moi de vous donner un conseil d'ami. Achetez une armure
complète et habillez-vous en homme du moyen
âge. Vous serez à l'épreuve des mauvais coups.
Ou bien, déguisez-vous en pauvre diable, et
n'ayez ni bourse ni montre élégante. De plus,
prenez un guide.

— Vous, par exemple ?

— Moi, s'il vous plaît. Je suis en congé,
et par conséquent, libre de mes actions. J'accepte.

L'Anglais nous salua et rentra chez lui.

Quand nous fûmes seuls, le Furet se mit à
rire d'une façon extraordinaire.

La cause de cette allégresse subite m'échap-
pait totalement.

Craignant qu'il ne fût devenu fou :

— Qn'avez-vous ? lui dis-je d'une voix trem-
blante.

Mais il riait, toujours, toujours plus fort,
comme atteint d'épilepsie.

— Que dites-vous, dit-il enfin, de la comédie que je viens de jouer devant vos honorables personnes?

— Quelle comédie? Que signifie cette plaisanterie?

Ces deux exclamations partirent en même temps de la bouche de M. Lapince et de la mienne.

— Comment! vous n'avez pas encore compris? Ni vous, monsieur, qui, pour écrire des romans, composez des intrigues à tout casser, ni toi, mon vieux copain, qui as trente ans de police secrète sur le dos?

— Quoi! ce Seeker?

— N'est pas plus Seeker de la maison Seeker-Barking and C° que moi.

— Mais qui est-il donc alors?

— Un grec des plus filous et des plus malins.

— Mais l'histoire de sa fiancée, Mary Middleton?

— Une frime.

— Cependant, le portrait que tu as fait de cette aimable jeune personne : brune, jolie, grande, vingt-deux ans?...

— Il m'avait conté tout cela.

— Et il ne t'a pas reconnu ?

— Il n'y a pas mèche. Quand je suis en
« camoufleur », tout le monde s'y trompe.

J'étais confondu de cette aventure invraisemblable.

— Pourtant, une objection subsistait encore dans mon esprit.

A quoi bon cette comédie ? Dans quel but
les deux acteurs l'avaient-ils imaginée ?

— Je ne comprends rien, sans doute, à vos
affaires, observai-je au Furet, car il me semble
que vous pouviez arrêter de suite ce grec inventif?

— Erreur ! riposta l'agent ; erreur, cher
monsieur ! Ce grec a des complices, et nous
entendons les prendre tous ensemble. En les
attendant (ils ont quitté Londres ce matin), il
cherchait un tripot à exploiter, d'où sa présence au Caveau, qu'il prenait — probablement — pour une maison de jeu inférieure.
A présent, je le tiens. Il me croit sa dupe, et
m'offrira quelques pièces d'or, j'y compte.

Peut-être a-t-il un moment soupçonné que je le filais. Il doit être rassuré à l'heure qu'il est — et dans trois jours, pincée toute la bande ! Au revoir, messieurs. Je vais coucher dans une chambre voisine de celle de ce monsieur. Si nous nous rencontrons encore, vous apprendrez le succès de cette campagne.

— Il est fort, le Furet, me dit M. Lapince.

— Très fin ! Mais, à propos, quels gens appelez-vous *vieilles cannes ?*

— Les repris de justice.

— Et *bâtons rompus ?*

— Les surveillés de la haute police, en rupture de ban.

X

LE FAUBOURG SAINT-ANTOINE, LA RUE SAINTE-MARGUERITE.

Elle avançait lentement, la vieille, ayant sur le dos sa charge accoutumée : la grande hotte d'osier emplie des détritus de la rue.

L'agent l'appela doucement de son petit nom :

— Rosalie !

Mais, au grand âge de la vieille, on a l'ouïe dure, elle n'entendit pas l'agent.

Ployée en deux, les jambes tremblotantes, et branlant le menton d'un mouvement rhythmique, elle marchait bien lentement, la vieille, fatiguée du fardeau pesant sur sa maigre échine.

Elle chiffonnait depuis l'aube, et le jour tombait.

Elle rentrait au logis, et s'arrêta devant le numéro 9 de la rue Sainte-Marguerite.

Alors elle releva sa tête chenue, et nous vit, et nous la regardâmes avec épouvante.

Elle nous apparaissait comme la personnification séculaire de la misère.

Du mouchoir à carreaux rouges noué sur sa tête s'échappaient quelques mèches de cheveux d'un gris sale, couvrant la nuque et le front. Sur son visage jauni, haché de rides, des sourcils, au poil rêche, ombrageaient des yeux chassieux, vifs encore, car l'alcool y avait mis sa flamme.

Une robe faite de pièces et de morceaux, mais par endroits trouée, et par ces trous, laissant voir un linge crasseux, la recouvrait à peine.

Si elle n'eût pas été si vieille, elle aurait senti la morsure du froid, sous ses haillons.

Mais à son âge, il n'est plus de sensation qui puisse émouvoir les nerfs émoussés — et presque rigides — d'un corps déjà cadavérique.

Elle nous le dit :

— J'ai l'habitude d'être comme cela. Je ne suis pas une mijaurée. J'ai soixante-quinze ans (elle en paraissait bien davantage), et depuis l'enfance, je vais par les rues, mon crochet à la main, les brassières de ma hotte aux épaules. Je n'ai jamais fait que cela. Dans mon temps, il n'y avait pas toutes vos inventions d'aujourd'hui, et les enfants n'allaient pas à l'école, Dieu merci ! Il n'aurait plus fallu que cela. C'est égal, tout de même, le métier est dur.

— Et ne vous a pas enrichie ? observai-je.

— Vous le voyez, mon bon monsieur, faut toujours travailler. C'est nos hommes qui nous mangent tout ce qu'on gagne. Avec ça, maintenant, y a des entrepreneurs qui nous donnent ce qu'ils veulent. Des feignants qu'ont de la monnaie, allez ! Tenez, voilà tout ce que je rapporte, seize ronds !

Et dans sa main de squelette elle agitait quelques sous.

— Y a pas de quoi faire la noce, hein? Allons, j'vais fricasser le souper pour le vieux. Bonjour, messieurs.

— Voulez-vous visiter sa maison? me dit M. Lapince.

— Certainement.

Nous entrâmes.

Triste maison, où la vieille, après sa mort, et convenablement embaumée, servirait utilement d'enseigne.

Ce n'est pas cependant qu'à l'extérieur sa malpropreté s'affiche ou se révèle. Non. Des murs crépis à la chaux enferment en des bâtisses hautes de deux ou trois étages et rangées autour d'une cour les senteurs nauséabondes de ce fumier d'êtres vivants, et si bien les enferment qu'elles ne s'échappent pas au dehors par suffocantes bouffées.

Nous gravissons l'un de ces étages. Mon guide ouvre une porte, je le suis, et je recule

aussitôt, demi-asphyxié par les émanations
d'une chambre immonde.

Pourtant, dans l'obscurité de la chambre,
nos yeux écarquillés distinguent peu à peu,
entre des tas d'ordures amoncelées, un groupe
composé d'un homme, d'une femme et de deux
enfants, une fille et un garçon. Je les vois ; ils
fouillent dans ces tas, ils les retournent, les
brassent ; ils en retirent celui-ci une loque,
celui-là un papier, cet autre une épluchure,
un os rongé ou un tesson de bouteille, et ils
forment de nouveaux tas pour divers indus-
striels, et ils multiplient, sans y prendre
garde, les foyers d'infection où leurs poumons puisent la vie.

Qu'est-ce que cela leur fait? Cette infection
qui prend à la gorge, c'est leur élément vital.
De ces poisons délétères qui m'étouffent leur
sang se nourrit.

Aussi, comme ils sont hideux!

Ils nous ont vus, et, d'abord gênés, ils ont
jeté sur nous un regard effaré ; mais, ayant
reconnu l'agent, ils ont essayé de sourire, et
leur sourire nous a navrés.

Les meubles ne sont pas nombreux et se ressemblent. Il y a un grabat, sur lequel une paillasse est étendue, que parent des draps noircis et une couverture chétive. Il y a encore une table boiteuse, sur trois pieds inégaux, et chargée d'une fiole d'eau-de-vie, d'une miche de pain et d'un plat de pommes de terre, restes de leur repas. Il n'y a pas de chaises ; ils sont accroupis sur le carreau.

Et tous, sur ce grabat, couchent ensemble, la fille et le garçon ; le père et la mère, côte à côte. Et la fille a bien quatorze ans, et le garçon en a quinze. Ensemble, ils mangent dans le même plat et boivent à la régalade à la même fiole.

Qu'importe ici la différence des sexes mis en contact, et les exemples des parents, et la ntation redoutable des sens ? Il est bien question de ces délicatesses !

— Comment vont les affaires ? leur demande mon guide, par politesse.

— Tout doucement, merci, répond le chef de la famille, on vivote, mais on ne roule pas carrosse.

— Je le crois bien! Les richards oublient absolument d'égarer des billets de mille dans les rues, n'est-ce pas?

Cette plaisanterie, qui me sembla cruelle, n'eut pas d'écho.

M. Lapince ferma la porte, monta un autre étage, pénétra dans un autre logement, et me montra une chambre identique à celle que je viens de décrire.

— Assez d'horreurs! lui dis-je. Sortons.

Mais lui se mit à rire, et, narquois :

— Peste! vous avez l'odorat bien fin, pour un curieux de plaies sociales. Ces choses-là n'ont généralement pas bonne odeur, et on n'a pas songé à les parfumer pour notre agrément. Que voulez-vous! ces pauvres diables de « biffins » n'attendaient pas notre visite. Excusez-les, ni vous ni moi ne sommes des philanthropes officiels, sans cela on aurait pris des précautions... pour tout nous cacher.

Croyez-moi, ajouta-t-il , armez-vous d'indifférence ou de courage, car nous en verrons bien d'autres. Mais ce n'est pas la peine, aujourd'hui, de déranger les locataires de la rue Sainte-Marguerite. Elle est bordée de chaque côté de maisons à celle-ci pareilles et peuplées de la même façon. Allons plutôt retrouver Rosalie au cabaret de la Violette.

— Inutile ! lui dis-je. N'avez-vous pas entendu la mère Rosalie nous dire qu'elle allait fricasser la soupe pour le vieux ?

— Venez toujours. Ces gens-là mangent rarement, sinon ce qu'ils trouvent dans les rues, ou les débris qu'on leur abandonne dans les restaurants et les maisons bourgeoises. Ils boivent jusqu'au dernier sou l'argent qu'ils possèdent. C'est nécessaire dans leur état. Sans la dévorante excitation de l'ivresse, ils mourraient.

Installée en face de son vieux, sordide et dépenaillé comme elle, la vieille Rosalie avalait, à petites gorgées, un grand verre d'eau-de-vie.

Voisin de ce couple, un groupe d'hommes

robustes vidaient un saladier de vin chaud.

Ils ne parlaient pas, ils ne chantaient pas, ils buvaient. Leurs yeux éteints et blancs, miroirs dépolis, se rencontraient, mais n'échangeaient aucune pensée et ne réfléchissaient aucune vision. On eût dit une immobile société d'aveugles, sourds et muets, à l'ivrognerie silencieuse.

Spectacle effrayant!

Plus loin, un homme isolé noçait en « père Penard » (expression du lieu).

La figure de M. Lapince lui déplut, sans doute, car il le fixa d'une manière menaçante, puis tout d'un coup, éclatant de rire et d'une voix rauque;

— Encore de la canaille ici, dit-il. Des feignants qui se baladent toute la journée! Ça vient faire les flambants parce que ça a des paletots. J'ten f...ais, moi, des paletots, va, roussins!

En cette occasion, mon guide prouva d'abord une charmante aménité de caractère.

— Allons, dit-il paternellement, tais-toi

6

mon vieux, n'insulte pas ceux qui ne te disent rien. Pour te montrer que nous sommes des zigs, pas fiers, veux-tu que nous trinquions avec toi ?

Et M. Lapince essaya de chœquer son verre contre celui du buveur.

Mais, loin de s'apaiser, celui-ci hurlait maintenant, furieux, écumant, et les clients de la « Violette », dressant l'oreille à cette querelle surgissante, le regardaient, puis regardaient l'agent, incertains du parti qu'ils devaient prendre.

Oh ! l'homme étonnant que fut alors M. Lapince !

Un dernier et vain avertissement donné à son ennemi inconnu, il fondit sur lui, et, déployant une adresse et une vigueur triomphales, il lui appliqua une correction de coups de poing aussi complète que rapide et méritée.

Ce fut l'affaire d'un instant.

Que pensez-vous que fit le buveur ? Devinez ?

Qu'il se récria, se révolta, se rebiffa ?

Que nenni !

Je craignis un instant sa revanche et que la mêlée ne devînt générale.

Mais j'appréciais mal son caractère.

Il n'en fut rien.

De l'air soumis , implorant d'un chien fouetté, il leva des yeux timides sur l'agent. Tranquille, il essuya sa figure bossuée et sanglante, et dit d'un ton de reproche et de prière :

— C'est égal, vrai ! c'est pas bien de battre le monde comme ça !

Et ses compagnons souriaient, pleins d'une admiration évidente pour les biceps de mon guide, et d'un commun accord, se raillaient du battu mal content.

— Fallait pas qu'tu y ailles, l'ami. C'est bien tapé ! Une autre fois, tu guigneras tes paroles.

Quand nous fûmes dans la rue :

— Mon action a dû vous surprendre ? me dit M. Lapince.

— Je l'avoue, et aussi votre insouciance à

l'égard des misères de la rue Sainte-Marguerite, lui répondis-je.

— Ame sensible ! fit-il, un peu moqueur. Sachez donc, puisque vous voulez tout savoir, que si je n'avais pas agi comme je l'ai fait, vous et moi ne serions sortis de la « Violette » qu'assommés ou tout au moins fort endommagés. Rapportez-vous-en à mon expérience. Un honnête homme égaré dans un bouge ne doit jamais hésiter — s'il est provoqué par un coquin — à frapper le premier. Sa sécurité dépend de la promptitude et de la vigueur de son attaque. Tout à l'heure, un instant de retard ou de faiblesse nous perdait, vous et moi. Il y a belle lurette que mes expéditions — diurnes ou nocturnes — m'ont appris cela.

Quant aux industriels de la rue Sainte-Marguerite, je puis vous dire, en confidence, qu'ils comptent parmi eux un nombre respectable de ces « vieilles cannes » — dont nous parlions dernièrement. Du reste, vous allez les voir dans toute leur beauté, chez la mère Laplanche — et au bal de la Rosière.

XI

MADAME LAPLANCHE.

Maintenant , la nuit est complète , profonde... Silencieuse et presque déserte pendant le jour, quand ses habitants s'occupent au triage des chiffons ou se reposent de leur labeur nocturne, la rue Sainte-Marguerite s'éveille, se peuple, s'anime, s'éclaire.

De place en place, les becs de gaz jettent sur les façades multicolores , bleue, rouge, violette, de ses maisons sordides une lueur blafarde.

A cette pâle clarté, nous pouvons lire au front de chaque maison cette enseigne significative : Hôtel meublé, et çà et là : Hôtel

6.

du Cheval blanc, Hôtel du Liban, Grand
Hôtel.

Ainsi, les horribles chenils que j'ai décrits
sont des hôtels.

Les chambres immondes où les chiffonniers
s'entassent sont des garnis, loués à la huitaine
ou à la quinzaine, dans les prix doux.

Ils ne possèdent même pas leurs grabats.

Les portes basses de ces hôtels s'entr'ouvrent,
et, tantôt isolés, tantôt par couples, les locataires en sortent furtifs, comme de noires
taupes de leurs trous. Les uns, jeunes, sont
attiffés pour le bal ; les femmes de robes dis-
parates où le corsage et la jupe, achetés en
temps et lieux divers, chez les revendeuses à
la toilette du faubourg, jurent entre eux étrangement ; — les hommes, de tricots de laine
quelquefois traversés par la raie brillante
d'une grosse et longue chaîne en chrysocale.

Hâtivement, ceux-ci prennent le chemin du
bal de la Rosière, sis à deux pas, à l'angle de
la rue Traversière et de la rue de Charenton.

Les autres, les vieux, revenus des illusions

du bel âge, n'ont pas fait toilette ; ils ne quitteront guère la rue Sainte-Marguerite, si ce n'est pour la rue de Cotte, où les attire l'assommoir de l'ingénieux *père Jules.*

Aux distractions du bal, ils préfèrent l'ivresse ; à la plus jolie fille du quartier, un verre de parfait amour, raide à vous emporter la g...le. Un à un, ils vont s'installer dans les boutiques, aux murs vert glauque ou lie de vin qui, de chaque côté de la rue, occupent le rez-de-chaussée des hôtels meublés ci-dessus dépeints.

Mais leurs goûts dominants les entraînaient généralement au numéro 36, où madame Laplanche tient son sérail.

Là se trouvent réunies les séductions de la bouteille et les séductions de la fille ; c'est en raccourci le paradis de Mahomet, c'est l'idéal.

Nous ne dirons rien de plus de la maison de madame Laplanche.

Et cela pour trois raisons décisives — que nos lecteurs apprécieront.

Les voici :

1º Parce qu'il est impossible d'en parler davantage sans offenser l'honnêteté des mœurs ;

2º Parce que nous n'avons pas à recommencer le livre complet de Parent Duchatelet ;

3º Parce qu'il nous faudrait en un sujet si scabreux la plume savante — habile à tout écrire, sans choquer le goût le plus délicat — d'un illustre écrivain, maître romancier doublé d'un moraliste éminent, M. E. de Goncourt, auteur de la *Fille Élisa*.

S'il arrive à nos lecteurs de lire ce livre, injustement calomnié, ils y trouveront l'analyse impeccable du caractère déprimé, des habitudes dégradées, de la résignation passive, banale des filles publiques, rangées sous l'autorité des .. matrones.

L'étude psychologique de M. de Goncourt est définitive, on ne saurait y ajouter rien.

On ne retouche pas un tableau de maître, on ne refait pas un chef-d'œuvre littéraire.

Au reste, l'établissement où la grasse, rebondie, massive madame Laplanche, honorée de ce sobriquet par antiphrase, dirige cinq ou six houris court vêtues, ne se distingue pas notablement des maisons du même genre.

Je ne m'arrêterai donc pas à le décrire.

Cependant je dois constater que cette digne personne nous accueillit avec un aimable sourire, en minaudant.

— Si ces messieurs, nous dit-elle en *la bémol*, d'un ton de flûte, veulent passer au salon, nous y serons seuls.

Et, nous précédant, elle marcha devant nous, flasque et majestueuse comme une dinde arrivée à son maximum d'embonpoint ; et, jalouse sans doute de ressembler de pied en cap à cette volaille imposante, elle oscillait la tête de haut en bas : ce balancement scandé lui paraissait évidemment d'une grâce irrésistible et toute mondaine.

La matrone est en général une bizarre créature. Elle a « du monde », son langage est gluant, mais poli ; ses manières sont arrondies, comme les circonvolutions d'une sangsue, mais distinguées. Issue d'une famille considérable, ruinée par les « révolutions », elle se flatte d'avoir reçu une excellente éducation. Au surplus, à la juger par son style correct et par son écriture régulière et pointue, il se peut qu'elle dise vrai, et qu'elle sorte effectivement d'un couvent aristocratique, du *Sacré-Cœur* ou des *Oiseaux*, par exemple. Pourquoi pas ?

Madame Laplanche nous parla de ses « affaires » avec une pudeur exquise.

— Ces dames, dit-elle, — elle nomme ainsi ses pensionnaires, — ne sont pas toujours sages et deviennent bien exigeantes. Elles n'obéissent plus, comme autrefois, au doigt et à l'œil. On n'en fait plus ce qu'on veut. La clientèle n'est pas toujours bien reçue par elles, et déserte une maison qui n'est plus hospitalière. Les brasseries à filles nous font aussi une concurrence fâcheuse. Devrait-on tolérer de pareils abus ? De tout cela, la faute est à la République qui gâte la profession. Naguère, on se retirait du « commerce » après dix à quinze ans d'exercice. Allez donc voir, à présent!

Que penser du gouvernement qui ne reconnaît pas les dettes des « dames » et ne permet même pas qu'on les retienne, jusqu'à complet paiement? Vraiment, n'est-ce pas désolant ? Avouez-le, messieurs.

Je me sentais incapable de compatir à ces lamentations. Mais M. Lapince, pour l'engager à continuer, faisait mine d'approuver.

— Croyez-moi, messieurs, reprit-elle en se résumant, je ne suis pas exigeante et mon ambition est modeste. Que j'aie seulement cinq ou six mille francs de rente, et j'irais vivre à l'écart, paisiblement, dans une ville de province, à la campagne, au sein de la nature. J'ai toujours eu des goûts simples ; l'aisance est tout ce qu'il me faut pour être heureuse. Et puis, ma fille est en âge d'être mariée, et cette enfant attend sa dot.

— Votre fille est-elle ici ? lui demandai-je.

— Oh ! monsieur ! répondit-elle, rougissante et presque indignée. Comment pouvez-vous m'adresser cette question ? Ma fille ici ! mais je mourrais de douleur et de honte, si elle soupçonnait seulement que j'y suis, moi, sa mère !

Quelle sincérité poignante elle mit dans cette réponse !

N'était-ce pas matière à réflexion ?

— Mais, voulais-je m'écrier, mais, malheureuse, si cette fille adorée apprend un jour quel ignoble métier est celui de sa mère ! Si le hasard, qui noue, complique et dénoue tant de mystères, révèle à cette vierge, chair de ta chair, âme de ton âme, l'épouvantable secret de sa naissance ! Si tout à coup un inconnu méchant, une lettre anonyme venimeuse lui font entrevoir l'odieuse vérité ! Si, frappée au cœur, ta fille meurt en te méprisant, en te maudissant !...

De ce que je voulais lui dire, je ne dis rien, car je pensais que cette femme trouvait dans son amour pour sa fille le châtiment juste, inflexible, incessant de sa vie infâme.

XII

LE BAL DE LA ROSIÈRE. — UNE LÉGENDE.

L'enseigne en est jolie, mais combien trompeuse !

On dirait d'une épigramme malicieuse.

Aussi en est-ce une, décochée par le marchand de vin du rez-de-chaussée, facétieux propriétaire du bal, contre les mœurs relâchées des « honnestes dames » ses clientes.

Du moins, ...je le crois.

Quoi qu'il en soit, je n'ai pas ouï dire qu'on ait jamais songé, sur la foi de son enseigne, à chercher dans le bal de la rue Traversière l'oiseau rare dénommé rosière, l'idéale jeune fille que l'on couronne de roses

7

blanches en cérémonie publique et qui reçoit des mains d'un académicien sénile le prix de vertu.

Il court cependant sur cet établissement chorégraphique une légende édifiante, mais si follement invraisemblable, qu'en vérité je ne sais si mon devoir d'historien fidèle m'oblige à la rapporter.

Enfin !...

Vous en croirez... ce qu'il vous plaira. La voici.

Il y a vingt ans de cela, et peut-être bien davantage, car le récit me paraît dater du temps fabuleux où les rois épousaient des bergères...

Le fils d'un des plus riches fabricants de meubles du faubourg Saint-Antoine, jeune comme le printemps et beau comme le jour, fit dans la rue la rencontre d'une ouvrière en tapisserie qui lui parut charmante, adorable, parfaite. Il la suivit... C'est élémentaire. Il lui parla, rien de plus naturel. Mais ici le merveilleux commence.

En dépit de son nom, de sa fortune, de son

élégance, de sa mine avenante, de ses fée-
riques promesses, il ne la séduisit pas.

Il ne manqua pas d'user de tous ses moyens.
En homme habile et qui n'ignore pas la leçon
contenue dans la mythologique aventure de
Danaë, il lui offrit un mobilier en palissandre
— le palissandre alors était coté très cher —
en lui jurant un amour éternel.

Elle résista à cette brûlante passion fortifiée
de bois des îles !

Hélas ! qui l'aurait cru ?

L'héritier du fabricant de meubles en fut
pour ses frais de galanterie et de munificence.

L'austère, l'inflexible ouvrière en tapisserie ferma l'oreille à ses doux propos et dis-
parut, sans daigner le regarder, telle qu'un
rêve, un enchantement, dans la pénombre
d'une ruelle plus noire qu'un tombeau.

L'amoureux fut horriblement vexé, mais
plus amoureux que jamais.

Elle m'aimera, se dit-il, coûte que coûte,
dussé-je l'épouser !

Vous le voyez, il était absolument fou ! En

un pareil état d'insanité de quels prodiges n'est-on pas capable? Pour approcher l'objet de sa flamme Léandre franchit l'Hellespont à la nage. G..., non indigne d'être comparé à ce tendre héros, s'il n'affronta pas mille périls sur la terre et sur l'onde, eut du moins le courage de pénétrer dans un bal d'une réputation détestable.

Or, ce bal était celui de la Rosière. Il ne portait pas encore ce titre, qu'il adopta seulement, dit-on, depuis le dénouement de cette histoire romanesque. Mais il n'en valait, du reste, ni plus ni moins qu'aujourd'hui.

Par quelle inconcevable aberration G.... pensait-il retrouver son idéale inconnue, un ange de candeur et d'innocence — naturellement — dans ce bouge dansant?

Ah! voilà!

C'est qu'il avait appris — à force de questions insidieuses — suivies de réponses bien récompensées — que mademoiselle Rose était la fille d'un chiffonnier de l'impasse Sainte-Marguerite, et que ce chiffonnier, fidèle aux habitudes de sa jeunesse, avait coutume d'aller tous les samedis soirs, boire un bol de vin chaud et danser un pas de bourrée dans la salle de la rue Traversière.

Mademoiselle Rose suivait son père, et, libre dans ce lieu de perdition, faisait absolument ce qui lui plaisait.

— Elle se refuse à moi, se disait l'amoureux éconduit et désolé, et peut-être elle s'abandonne au premier porteur de hotte venu qui sent la pipe, l'eau-de-vie et empeste l'ordure. M'est-il possible de l'emporter sur ces chevaliers du crochet?

Accablé par ces réflexions affligeantes, G... songea un instant à en finir avec la vie. S'il ne prit pas une funeste résolution, c'est qu'il crut plus sage et plus pratique de se vêtir en chiffonnier, et, de la sorte déguisé, de franchir la porte du bal, où ses rivaux présumés sautaient en cadence.

En ce temps lointain, la marchande de « frites » qui occupe en ce moment le vestibule du bal, y tenait-elle déjà boutique, et notre amoureux, en donnant son crochet au vestiaire, aspira-t-il l'odeur agréable de graisse rance répandue — comme un encens particulier — dans le temple de la Terpsychore faubourienne ?

Je n'ose rien préciser à cet égard : il est à craindre que ce point litigieux de l'histoire ne soit pas éclairci de sitôt.

Ce que je puis affirmer sans hésiter, c'est que G... ne vit pas dans le bal un autre spectacle que celui que nous y vîmes nous-mêmes, M. Lapince et moi.

Peut-être alors la salle était-elle moins brillante qu'elle n'est à présent. Mais si le lustre à cinq branches — qui lui donne une splendeur inusitée, n'y était pas déjà placé — si les cinq musiciens qui siégent à l'orchestre et font de leur estrade un assourdissant tremplin, n'étaient ni si mombreux, ni si bruyants, du moins on y respirait, comme aujourd'hui, une atmosphère infecte, tiède et saturée de poussière fine. On y contemplait, entraînés dans

un tournoiement vertigineux, délirant, des
couples entrelacés et mariant tendrement leurs
puanteurs, on y entendait les plus suaves conversations énoncées dans l'argot le plus pur,
on y assistait à des querelles, à des batteries,
à des tueries, que, malgré leur vigilance infatigable, les gardes municipaux ne peuvent
pas toujours empêcher.

Est-il besoin de le dire? Dans le bal, G....
ne vit rien, ne sentit rien, n'entendit rien de
ce que je viens de décrire. Sinon, il n'eût pas
eu les yeux d'argus d'un amant.

De prime abord il *la* distingua dans la confu-
sion bariolée des groupes hideux. En une toilette
simple, mais décente — ce qui n'est pas de rigueur dans un bal populacier — elle s'épanouis-
sait comme une gracieuse et fraîche ingénue
dans un parterre de petits *monstres féminins*.

Pareil entourage rehaussait encore sa
beauté. G..., ravi de l'admirer et de respirer
l'air empesté qu'elle respirait, se félicita de
l'heureuse inspiration qui l'avait conduit au bal.

Pourtant, il n'était pas au bout de ses peines, et il éprouva bientôt un amer désappointement.

On était, à son entrée, dans l'intervalle d'une danse à l'autre, mais, quand le piston du chef d'orchestre eut sonné les premières mesures d'un quadrille, il vit d'un œil marri son idole mettre sa main blanche dans la grosse patte velue d'un voyou qui la priait de faire une quatrième.

Pris d'un accès de jalousie et de dégoût, il eut envie d'arracher violemment mademoiselle Rose à son cavalier et de l'entraîner hors du bal, en profitant du tumulte et de la stupéfaction qu'un acte aussi extraordinaire aurait certainement causés.

Il renonça à ce fol projet, car il eut la consolation de remarquer qu'autant la vertu diffère du vice, autant différait la danse chaste et pudique de l'ouvrière en tapisserie du chahut lascif et grossier de ses partenaires.

Cette découverte mit un peu de baume sur sa plaie.

Le quadrille terminé, un écriteau annonça une polka.

Il s'enhardit jusqu'à s'approcher d'*elle*, et lui demanda si elle voulait lui faire l'hon- neur...

Il croyait être méconnaissable sous son bourgeron bleu, mais il n'avait pas songé qu'en changeant d'habit, il fallait aussi chan- ger de langage.

Sa politesse le trahit, peut-être ! Chose grave, puisqu'il voulait être aimé pour lui- même.

Toutefois, si mademoiselle Rose le recon- nut, — avec une dissimulation que l'inno- cence n'exclut pas, nature l'ayant elle-même enseignée aux filles d'Eve, — elle n'en laissa rien paraître, et elle accepta l'invitation, non sans rougir un peu.

Ils polkèrent ; il la pressa contre son cœur, elle s'abandonna ; il lui parla, elle répondit ; il fut tendre, elle fut aimable ; il s'enflamma, elle se fit de glace ; il essaya de la familiarité, elle le rappela au respect d'un regard sévère.

7.

— Je vous adore ! soupira-t-il.

— Je ne dis pas non, murmura-t-elle.

— Je voudrais vous épouser !

— Demandez ma main à mon père.

C'était d'une simplicité !

Il promit de faire cette demande suprême.

Mais il pensa qu'il était bon, avant de s'engager davantage dans les liens du conjungo, de sonder l'opinion publique.

Que pensait-on céans de mademoiselle Rose?

Cette question, il l'adressa tour à tour, dans une valse, un quadrille, une marzurka, à toutes les danseuses du bal.

Sans hésitation aucune, toutes lui répondirent, chacune à sa façon :

— Rose est un ange de vertu, de douceur, de pureté. Rose, c'est une rosière !

L'unanimité si rare de ces témoignages féminins acheva ce que l'amour avait commencé.

Le fils unique du fabricant de meubles — que son père eut le bon sens de ne pas contrarier — épousa l'ouvrière en tapisserie.

Et, chose imprévue, ce mariage d'amour, désintéressé, fut en même temps une union avantageuse.

Le père de mademoiselle Rose, chiffonnier de la vieille roche, — tel qu'il en existe encore quelques-uns dont je pourrais citer les noms, — faisait des économies, et à force d'amasser des gros sous, avait fini par réaliser une fortune rondelette, un magot.

Le jour du mariage de sa fille il cassa la tirelire et lui fit don d'une dot inespérée.

Que vous dirai-je encore?

Ce dénouement mit en émoi le faubourg Saint-Antoine, et le bal de la rue Traversière acquit de suite une grande popularité.

Si bien qu'on le désigna désormais sous le nom de Bal de la Rosière.

Depuis l'époque où cette légende est censée se passer, ce bal a suivi ses fatales destinées. C'est maintenant l'un des bouges ignobles du Paris malfaisant.

Mais s'il me fallait jurer qu'il ne s'y trouve plus, comme au temps de mademoiselle Rose, une fille candide et pure, eh bien! j'hésiterais.

C'est une si étrange créature que la Parisienne des faubourgs, si intelligente et si laborieuse, si fine et si délicate, si ignorante et si savante !

Il me semble qu'elle est douée de la singulière propriété de vivre au contact de toutes les perversions sans se pervertir, et, comme l'amiante, de subir l'action du feu sans se consumer.

XIII

LE BAL D'AUSTERLITZ.

Mon guide me dit :

— Vous connaîtriez imparfaitement les curiosités du faubourg Saint-Antoine si vous ne visitiez pas le bal d'Austerlitz — un pur joyau — qui en occupe l'extrémité.

Mais le froid était intense. Un vent glacial soufflait impétueusement, détachant des nuages abaissés de légères couches de neige, et les éparpillant dans l'air, d'où elles retombaient çà et là en flocons impalpables, tourbillonnants comme la blanche poussière d'un jour d'été.

— Vous le voyez, lui dis-je, le temps se

prononce contre votre projet. Le bal d'Austerlitz doit être vide, ou peu s'en faut.

— Détrompez-vous, reprit-il. Le bal du-
rera toute la nuit — c'est annoncé sur l'affiche
— et sera plein de ses danseurs habituels.

— Qui vous le fait supposer ?

— C'est qu'ils ne sont pas gens à s'effrayer
des rigueurs de la température. Au contraire,
ils s'en réjouiraient presque.

— Pourquoi cela ?

Mais, sans répondre directement à ma
question, et tout à son idée, M. Lapince con-
tinuait :

— Voyez-vous, mon cher monsieur, l'hiver est la saison bénie des malfaiteurs. Il fa-
vorise leurs rendez-vous, leurs machinations,
leurs crimes. C'est le temps redoutable des
attaques nocturnes et des vols avec effraction.
Malheur à qui s'attarde dans les rues des
quartiers éloignés, à celui dont la maison est
isolée! Nous avons beau redoubler de vigilance pendant les terribles mois de décembre
et de janvier, nous ne pouvons être partout,

et, à vous parler tout franc, je crois qu'il
y a beaucoup moins de crimes punis qu'il
ne s'en commet, et naturellement beaucoup
moins de scélérats arrêtés qu'il n'y en a de
libres..

— Mais, s'il en est ainsi, lui dis-je, c'est
que la brigade de sûreté est insuffisante.
M. Maxime Du Camp m'a appris qu'elle se
composait de cent quarante-cinq agents seulement. Ce n'est pas assez. Qu'en pensez-vous ?

— Ils sont aujourd'hui deux cent cinquante. Mais, à défalquer de ce chiffre le grand
nombre des incapables, ils sont tout au plus
trente. Le service de la sûreté a été désorga-
nisé par la politique. On s'occupe depuis un
certain temps beaucoup plus des opinions des
agents que de leur capacité. Il leur faut maintenant avoir des principes purs ; M. Yves Guyot
et ses amis du conseil municipal l'exigent.
Je ne sais pas s'ils ont raison. Mais dans mon
temps, ce n'était pas indispensable, et on son-
geait surtout à faire de bonne police, avec des
hommes actifs, énergiques et zélés. On ne

leur demandait pas : Êtes-vous républicain ou monarchiste ? mais on les mettait à l'épreuve en leur confiant une expédition périlleuse, et on les classait d'après leur mérite.

Cependant, la politique porte ses fruits. Les agents les plus expérimentés partent les uns après les autres : les uns, vexés qu'on leur préfère de nouveaux venus à principes purs ; les autres fatigués de travailler sans obtenir un résultat, une position.

— Combien gagnez-vous ?

— Pas de quoi nous faire des rentes, allez ! Un simple agent a 1,500 fr., une misère ! Après de longues années de service, il peut devenir sous-brigadier, brigadier même, s'il a de la chance et des protections, et ses appointements monteront à 2,400, 3,000 francs ! Mais avant d'en arriver là, que de privations à endurer !

Quand on est jeune et célibataire, passe encore ! Mais si l'on prend femme et qu'on ait une famille, c'est pour le coup qu'il faut se serrer le ventre, et ferme !

— N'avez-vous pas quelques menus profits?

— Oui, on attrape par-ci par-là une prime pour une arrestation effectuée, une affaire découverte. Mais c'est rare, et nous ne pouvons pas compter là-dessus, vous comprenez.

Si je ne répondis pas à M. Lapince, c'est que nous étions entrés dans le cabaret du bal d'Austerlitz, où le contrôleur remit à chacun de nous une carte, du coût modique de 25 centimes.

Mais si je ne lui répondis pas, on devine assez ce que j'aurais pu lui répondre.

— C'est — et vous ne me démentirez pas — qu'il est honteux à l'État républicain, honteux à la grande ville démocratique d'employer une armée d'agents d'administration si mal rétribués, que leurs fonctions ne peuvent les faire vivre — et qu'ils sont condamnés à végéter misérablement pendant la plus grande partie de leur existence.

Mon guide avait raison.

Narguant les frimas, les habitués du bal — riverains errants de la Seine — s'adonnaient au plaisir excitant d'une fête de nuit.

Dans la salle de danse, des couples entrelacés, aux vêtements bigarrés, figuraient un quadrille forcené.

Dans les galeries du rez de chaussée et du balcon, formant pourtour, des buveurs attablés absorbaient lentement les consommations servies devant eux, en causant à voix basse de mystérieux projets.

Les gardes municipaux, exceptionnellement nombreux, promenaient, calmes et graves, comme de vivantes consignes, leurs uniformes rassurants entre les groupes pressés.

De l'orchestre partait une volée atroce et continue de notes stridentes. A peine, entre chaque danse, un temps de repos permettait aux musiciens de secouer hâtivement leurs pistons engorgés de salive, de frotter de colophane les fils ténus de leurs archets et les cordes amollies de leurs violons.

— Tapez-moi là-dessus, ferme! hurlait en

passant devant eux un gros homme, ordonnateur des divertissements du bal et percepteur
du prix des contredanses, taxées chacune
vingt centimes.

Et, talonnés par cette parole du maître, ils
tapaient là-dessus, ferme ! Et, piteuses victimes vous les auriez vus, les joues gonflées,
les yeux bouffis, juchés sur une estrade en largeur égale à la scène d'un théâtre de marion-
nettes, et de chaque côté décorée de rideaux
de bois peint, s'agiter, tels que de fébriles
automates galvanisés par un puissant courant
électrique. Ils râclaient, râclaient, soufflaient,
soufflaient, toujours, sans répit, sans trêve ni
merci. De leurs têtes inertes et parcheminées,
la vie semblait s'être retirée pour se réfugier
dans leurs bras et à l'extrémité de leurs doigts
nerveux.

Émus par les accords sauvages que les
« artistes » jetaient dans l'atmosphère trou-
blante de la salle de danse, hommes et femmes,
ivres à demi, s'élançaient dans un mouvement brutal, se pilaient, se heurtaient, se

bousculaient, s'embrassaient, se repoussaient, s'empoignaient par la taille, tournaient ensemble, s'arrêtaient pour crier en chœur : *Tiens ! voilà Mathieu !* ou telle autre bêtise, repartaient, tournaient de plus belle pour s'arrêter encore, époumonnés cette fois, pantelants, rassasiés, épuisés.

Mais, après quelques minutes de station aux tables de la galerie, ils répondront de nouveau, reposés, alertes, avides de l'âcre volupté de cette danse frénétique, à l'appel enroué de l'ordonnateur...

La salle de danse ne manquera pas un seul instant d'amateurs.

M. Lapince, dont le coup d'œil exercé et rapide va de l'un à l'autre habitué, m'exprime en quelques mots brefs et précis — comme le diagnostic d'un médecin habile — les impressions qu'il ressent. Pas un muscle de son visage ne trahit le sens de ses paroles.

— Celui-ci, me dit-il, ce grand garçon qui porte une veste bleue et un pantalon de velours collant, que pensez-vous qu'il soit?

— Un ouvrier, si j'en crois l'apparence.

— Pure illusion ! Examinez sa figure hâve. Y voyez-vous trace de fatigue? Non. Il a dormi toute la journée. Regardez ses mains : elles sont grasses, proprettes ; il y a long-temps qu'elles n'ont manié l'outil. Et ses vête-ments, sont-ils tachés par la poussière ou les graisses de l'atelier? Cet homme est un pares-seux qui vit aux dépens d'une fille. Aujour-d'hui c'est un « amant de cœur », demain peut-être ce sera un bandit. En doutez-vous? Ecoutez-le plutôt, le voici.

Il passait si près de nous, que je pus en-tendre ces mots, bribes d'une confidence faite à un ami :

— Crois-tu, mon vieux! V'là la gonzesse qu'est allée se faire sucer la pomme par un vieux qu'a cinquante-cinq piges (cinquante-cinq ans); mais j'vais la mettre à la « re-dresse! »

— Vous avez raison, dis-je à mon guide, toujours raison.

— Et celui-ci, reprit M. Lapince. Court, robuste, avec un cou de taureau rasé avec soin, comme pour la guillotine, et les cheveux lisses ?

— Je pense qu'il est plus vicieux que le précédent.

— Bien observé. C'est le souteneur d'une maison publique voisine. Il est dangereux, rusé, prudent et sournois. On suppose qu'il a trempé dans plusieurs affaires sinistres. Mais faute de preuves, on le laisse libre. L'impunité l'égarera, le poussera à quelque maladresse, et nous le prendrons.

— Et ces messieurs ? questionnai-je à mon tour en lui montrant un groupe d'hommes ayant sur le ventre un tablier bleu.

— Des ouvriers de Bercy, d'honnêtes garçons que le goût des joies grossières amène ici.

Derrière nous une femme chantait :

> Quand mon meg n'est pas là
> Tralala la la, Tralala la la
> Alors moi j'entre en danse
> Et com'j'men paye une tranche !
> Tralala la la, etc.

— Une persilleuse de la rue Lacuée, échappée pour un moment au mauvais drôle qu'elle entretient. Mais gare à la pauvrette tout à l'heure !

Telle fut, à l'endroit de cette beauté cariée, la sentence de M. Lapince.

Ailleurs, des jeunes gens d'une physionomie effrayante d'impudence et de méchanceté bête devisaient entre eux, debout, nonchalamment adossés aux colonnettes de la galerie.

— Ils ne boivent pas, me dit mon guide, parce qu'ils n'ont pas d'argent ; mais ils tâchent de s'entendre sur les moyens d'en trouver. Tous, malgré leur jeunesse, sont d'ex-pensionnaires de la Santé et de Pélagie. Ils ambitionnent les honneurs de Poissy et de la Roquette.

— Comment ! ils ambitionnent ?... Je ne comprends pas.

— Le mot est juste, cependant. Une triste émulation dans le mal pousse les coquins à rivaliser de vice et d'audace, ils ont des héros qu'ils s'efforcent d'égaler, — Gilles et Abadie, par exemple. Leur ambition est de commettre un crime remarquable et de poser en cour d'assises pour les reporters.

— Mais quel remède à cela?

— On a déjà proposé d'expédier aux colonies tout individu trois fois condamné pour de graves délits, en correctionnelle ou en cour d'assises. L'idée est bonne et doit faire son chemin. Avis à nos législateurs.

Pendant notre conversation, une jeune femme était entrée, penchant la tête, se faisant toute petite et toute mince, glissant à petits pas étouffés le long des bancs, entre les danseurs, si visiblement confuse et peureuse qu'il nous vint tout de suite à l'esprit qu'elle osait pour la première fois pénétrer dans un bal public.

Mais elle avait beau faire, il était difficile qu'on ne l'aperçût point.

Le bal d'Austerlitz a plus d'un guetteur de nouvelles venues, d'étrangères, hasardant un pas timide vers la débauche.

Il n'est pas rare d'y rencontrer d'impudents

courtiers de maisons spéciales. Une pacotille d'échantillons d'étoffes et de bijoux douteux sous le bras, ils s'approchent des filles, s'insinuent par des offres extraordinairement avantageuses : Que dites-vous d'une robe de cette façon? Ah! comme cela vous irait bien! Et cette broche ! ce porte-veine ! Vous seriez charmante avec cela! Le tout payable à crédit, avec des facilités, garanties par un placement avantageux. Ils connaissent une si bonne maison, telle rue, tel numéro !

Combien cèdent à la tentation !

Mais je ne perdais pas de vue l'inconnue — qui nous intéressait vivement, M. Lapince et moi.

Un des habitués l'accosta — et l'invita en ces termes :

— Si mademoiselle veut en gigoter une avec moi, je me fends d'une tournée.

Il pensait ainsi — notez-le — lui marquer une immense considération, car, dans ce bal aimable, ce sont presque toujours les femmes

qui payent les consommations et les contredanses — les hommes « régalent ».

En se tournant pour répondre à son affreux
interlocuteur, elle nous montra un visage
amaigri, pâli, ravagé par de profondes dou-
leurs, de cruelles privations, aux yeux bistrés
et fiévreux — mais respirant l'honnêteté, la
pudeur offensée, le mépris....

Elle n'eut pas la force de dire « non ». Elle
fit de la tête un signe négatif et fondit en
larmes.

La voyant pleurer, le voyou se mit à rire.
C'était si drôle ! si drôle ! — Il se tenait les
côtes.

— Ah ! mince, alors ! Qu'est-ce qu'elle a,
la *Louis XV ?* Si tu ne veux pas de moi, faut
le dire, eh ! grue ! T'as pas besoin de faire ta
poire pour ça !

Et la galerie de ricaner à son tour.

La pauvre fille sanglotait.

Elle était devenue l'objet de l'attention et des
railleries impitoyables des groupes ignobles.

Sous le poids écrasant des regards méchants

et cyniques fixés sur elle, elle tremblait, flé-
chissait, prête à s'évanouir.

Émus, nous nous étions rapprochés d'elle,
pour la conseiller, pour la défendre, s'il le
fallait.

D'une voix éteinte, elle murmurait ;

— Pourquoi ne suis-je pas morte tout à
l'heure? Tout est bien fini maintenant ! Il faut
mourir !

Elle se dirigea vers la sortie du bal, trébu-
chant à chaque pas, la figure cachée dans ses
mains, sourde aux rires insultants qui la pour-
suivaient encore.

Le voyou qui l'avait invitée à danser la suivait, mais il nous trouva entre elle et lui, et
reculant devant un geste énergique de M. Lapince, il rentra au bal.

Nous pûmes l'entendre crier à ses amis :

— La gonzesse file avec la rousse. En v'là
une vertu de Saint-Lazarre !

Quand nous fûmes hors du bal, nous cher-
châmes vainement l'inconnue.

Dans l'impénétrable obscurité de la nuit, il

était impossible de distinguer une forme humaine à distance de vingt pas.

Espérant que le bruit de sa marche nous avertirait de la direction qu'elle avait prise, nous nous arrêtâmes, attentifs, anxieux, penchés vers le sol. Mais rien ne vint troubler l'effrayant silence de cette scène.

Peut-être était-il déjà trop tard ! Peut-être déjà la Seine roulait dans ses eaux grises le corps agonisant de la pauvre désespérée !

Devant la porte de la salle d'Austerlitz, le vieux contrôleur prenait le frais en fumant sa pipe.

M. Lapince l'interrogea.

— Ma foi, nous dit-il, j'ai vu une femme courir à toutes jambes, comme une folle, vers le pont. Si c'est elle que vous cherchez, vous aurez de la peine à la rattraper. Elle est loin, si elle court toujours.

En quelques secondes, nous atteignîmes le pont.

— Allez d'un côté, j'irai de l'autre. Alerte ! me dit mon guide.

Un instant après, il s'écria :

— La voici ! Au secours !

Il l'avait aperçue.

Mais elle aussi l'avait vu ; et pour lui échapper, pour échapper à la vie, à la misère qui l'étreignait, elle avait, rassemblant toutes ses forces pour un dernier sacrifice, enjambé le parapet ; elle allait se précipiter dans le fleuve, tête baissée, les yeux clos, pour ne pas voir l'abîme !

M. Lapince ne lui permit pas de mourir ainsi. D'un bond il fut auprès d'elle. Il la saisit, la souleva, la ramena de l'autre côté du parapet. Un instant elle se débattit ; puis, lasse, elle s'affaisa, perdit connaissance dans les bras de son sauveur.

— Aidez-moi à la transporter jusqu'à la gare d'Orléans. Tâchons d'abord de lui faire reprendre ses sens, nous agirons ensuite selon sa volonté, dit mon guide.

Ce qui fut fait.

Un cordial la ranima. Elle nous reconnut, et suppliante, elle nous dit :

— Je vous en prie, messieurs, ne me con-
duisez pas chez le commissaire de police. La
honte me tuerait. Gardez le secret de mon
suicide. Promettez-le moi.

— Mais où devons-nous vous conduire?
Avez-vous des parents? un domicile?

— Je n'ai plus rien au monde, ni famille,
ni asile. Ma mère est morte hier, dans une
chambre d'hôtel meublé où l'on nous laissait,
sans payer, par compassion, à cause de sa maladie.

— Mais comment expliquez-vous votre présence au bal d'Austerlitz !

— J'y étais entrée pour me réchauffer, me
mettre à l'abri. Avant cela, je voulais mourir;
la neige tombait, j'ai eu froid, le courage m'a
manqué. Pourtant vous l'avez vu, ajouta-t-elle,
avec un sourire navrant, ma résolution n'avait
pas trop faibli.

— Voulez-vous passer la nuit dans un refuge? lui demanda M. Lapince. Je vous re-
commanderai vivement à la directrice. On
aura pour vous tous les égards, tous les soins

que vous me paraissez mériter, et, je l'espère, on parviendra à vous réconcilier avec la vie.

Sur sa réponse affirmative, M. Lapince héla une voiture :

— Rue Saint-Jacques, 255, à l'Hospitalité de nuit, — dit-il au cocher, — et fouettez les chevaux !

Pendant ce rapide trajet, l'inconnue nous raconta sommairement son histoire.

La voici :

Tous les faits du récit émouvant que nous allons mettre sous les yeux de nos lecteurs, sont exacts, encore que surprenants.

Pour expliquer la terrible succession de malheurs inouis, de catastrophes improbables — dont nous nous faisons l'historien, et dont la victime est connue de nous — seuls les tragiques grecs avaient un mot mystérieux, implacable : *Fatalité* !...

XIV

HISTOIRE DE CLOTILDE RAYSON.

Je me nomme Clotilde Rayson ; j'ai vingt ans.

Il y a trois mois, oui, trois mois à peine, j'étais riche, heureuse, enviée. On s'accordait dans le monde à vanter ma fortune, ma beauté, mes talents — mes pauvres petits talents de pianiste amateur et de peintre d'album dont j'étais si fière, et que personne n'a voulu me payer d'un morceau de pain quand j'ai tenté de m'en servir pour m'arracher à la misère.

La misère ! Mes parents ne songeaient

guère à cela, ni moi non plus, lorsqu'on m'enseignait les arts d'agrément. Maman trouvait ces futilités très importantes. — Fillette, disait-elle souvent, tu peux ignorer tout le reste, mais une demoiselle bien élevée doit savoir la musique et le dessin. De son côté, papa ajoutait en me caressant les joues : — Petite, tu n'es pas née pour travailler, mais pour figurer dans un salon ; par conséquent, il faut...

Il m'adorait, papa. J'étais sa fille unique. Aussi mes caprices continuels, mes fantaisies les plus coûteuses étaient des ordres pour lui, et je ne pouvais former aucun souhait qui ne fût aussitôt comblé.

Il était si bon, ce pauvre papa ! et sa fortune — la nôtre — paraissait si grande, si solide ! Il répandait l'argent autour de lui sans compter, semait l'or à pleines mains, comme s'il eût possédé les milliards de Rothschild.

Ma mère me disait quelquefois en plaisantant, mais au fond très sérieuse :

— Clotilde, nous n'avons pas à craindre de ruiner ton père. Il a certainement retrouvé chez un brocanteur la lampe merveilleuse d'Aladin, et le génie des *Mille et une Nuits* lui obéit.

Nous croyions cela, hélas! et toutes deux confiantes en lui, nous usions de sa générosité follement, en prodigues insoucieux du lendemain. D'abord, ces vilains mots-là : le lendemain, l'avenir, n'avaient pas pour nous plus de sens que le mot misère. Notre existence brillante durerait toujours, toujours. C'était entendu.

Ma mère et moi, nous nous mettions l'imagination à l'envers pour inventer de nouveaux prétextes de dépenses. Ce n'est pas aussi facile que vous le pensez, quand on ne veut pas se répéter, mais à force de s'ingénier, on y parvient tout de même. Toilettes de chez les faiseuses en renom, bibelots rares, bijoux de prix, voitures, chevaux de race, nous prenions de tout, nous achetions de tout.

L'antichambre de notre appartement de
la rue de Rivoli ne désemplissait pas de fournisseurs. Carrossiers, bijoutiers, couturiers,
marchands d'antiquités et de tableaux s'y
donnaient rendez-vous du matin au soir, pour
nous offrir ceci ou cela. On les payait ou on
ne les payait pas; mais on acceptait leurs
notes sans les vérifier, et ils s'en allaient toujours contents de nous avoir volés.

Impossible de fatiguer la complaisance de
papa.

— Dépensez, mes enfants, dépensez toujours. Vous ne me donnerez jamais trop d'occasion de vous faire plaisir.

En ce cas, nous n'avions pas à nous gêner.
Pour venir à bout de la fortune de papa, nous
faisions emplette de tout ce que la mode nous
recommandait, de tout ce que les autres
avaient de joli qui nous manquait encore. Ça
ne suffisait pas. Alors nous avons donné des
fêtes magnifiques, des soirées chantantes et
dramatiques, où sont venus les premiers artistes de l'Opéra et des Français.

Papa disait oui à toutes nos idées ; plus nous étions extravagantes, plus il était enchanté.

J'ai su depuis, après nos malheurs consommés, que son amour pour nous n'était pas le seul mobile de sa conduite. L'opulence de notre train de maison soutenait son crédit, — et dans le moment même où notre luxe éblouissait le faubourg Saint-Honoré — son crédit était déjà très ébranlé.

Papa jouait à la Bourse. Il avait longtemps occupé un poste important dans une administration de l'État et s'en était retiré pour cou-rir les chances de la spéculation.

Pauvre papa ! il ne nous trouvait jamais assez riches ! Aussi jouait-il constamment, en risquant sur la hausse ou la baisse des sommes de plus en plus importantes, mais en cachette de maman, qui ne se doutait de rien.

Moi, de mon côté, je ne songeais qu'à me faire belle, sans m'inquiéter d'où le bonheur me venait. Je voulais plaire et j'étais très recherchée. Mais entre tous les soupirants qui m'entouraient, je ne me décidais pas à choisir un mari, lorsqu'un officier distingué de l'armée, chef d'escadron d'artillerie à vingt-huit ans, fut invité à l'une de nos soirées. Je fis avec lui un tour de valse, il se prit d'amour pour moi, revint souvent nous voir, et, finalement, demanda ma main, qui lui fut accordée sans difficulté. Mon fiancé était jeune, beau, brave, bien lancé dans la plus honorable carrière, et je l'adorais.

Un avenir radieux, infini, s'ouvrait devant nous. Jamais, cependant, nous n'avions été si près de notre perte.

Dans la soirée même où l'on devait signer le contrat, on nous apprit une épouvantable nouvelle. Nous étions tous — hélas ! excepté lui — réunis au salon, ses parents, les miens, nos amis, le notaire et ses papiers. On l'attendait pour la lecture. Tout d'un coup, la porte s'ouvre — un domestique entre, funèbre, comme s'il eût deviné qu'il s'agissait de mort. Il tend une dépêche à mon père, qui la lit, et dit d'une voix calme :

— M. Adrien T... ne peut venir ce soir, il est assez gravement indisposé, et le médecin l'a rigoureusement consigné dans sa chambre.

Malgré l'accent de sincérité qu'il mit à les prononcer, ces paroles de mon père nous parurent fausses. Nous nous regardâmes avec stupeur, et nos regards disaient clairement : il ment ; il n'ose pas avouer la vérité !

Affolée, le tête perdue, je voulus tout savoir. Je me levai, j'arrachai des mains de mon père la fatale dépêche, j'y lus ces mots affreux :

« Adrien T... s'est battu aujourd'hui en duel, à Satory, il a été tué sur le champ.

« Son inconsolable témoin.

« Capitaine Z... »

Je m'évanouis. Je ne sais plus ce qui s'est passé.

Le lendemain même de ce triste jour, mon père mis en demeure de remplir des engagements considérables, et n'y pouvant suffire, était exécuté à la Bourse.

Il nous écrivit qu'un voyage indispensable l'appelait à Nice et fut une semaine absent de la maison. C'est à Monte-Carlo qu'il était allé risquer quelques billets de banque dans l'espoir insensé d'un retour de fortune.

Quand il revint, il n'était plus le même. Le malheur l'avait métamorphosé en vieillard. Blanchi, ridé, cassé, il marchait péniblement, parlait en balbutiant, riait en pleurant, pleurait en riant comme un vieil enfant malade.

Nous ne connaissions pas encore notre ruine; son attitude accablée nous en révéla l'étendue.

Elle était complète, absolue, irrémédiable.

Nous ne possédions plus rien qui fût à nous, bien à nous.

Maman eut un éclair d'espoir.

— J'ai ta dot, me dit-elle. J'ai autorisé ton père à en disposer, mais il n'aura pas osé la risquer au jeu. Il aura réservé la dernière ressource, le pain de son enfant !

Maman se trompait. La spéculation avait dévoré sa dot, comme tout le reste.

Notre fortune — une fortune de granit — selon le mot de maman, s'était écroulée en un clin d'œil, dispersée, anéantie, si bien qu'il n'en restait pas une épave, pas un débris.

Les domestiques quittèrent la maison. Les créanciers y vinrent en foule. Notre appartement fut encore plein de fournisseurs, mais qu'ils étaient changés ! Humbles, obséquieux, flatteurs autrefois, ils *nous* parlaient maintenant assis, le chapeau sur la tête, arrogants, exigeants, nous traitaient poliment de « faiseurs », c'est-à-dire de fripons, et nous menaçaient de l'huissier, de la saisie, du tribunal correctionnel, de toute la justice !

Maman ne pouvait supporter ces terribles scènes ; elle s'évanouissait, on l'emportait chez elle, et papa et moi nous restions seuls en face de nos créanciers impitoyables.

Papa leur demandait timidement quelques délais, six mois, un an pour acquitter ses dettes, et ils ne l'écoutaient pas plus que s'ils eussent été de pierre. Alors il priait, suppliait, se prosternait, pleurait... Ils riaient, eux, ils riaient à gorge déployée.

Ils disaient qu'on ne les payait pas de cette monnaie-là, et que les grimaces des vieux singes ne les touchaient plus depuis longtemps.

Papa était à bout de forces.

Tant d'insultes et d'humiliations troublèrent sa raison, il devint fou.

Un soir, il se présenta chez le commissaire de police du quartier.

— Monsieur, lui dit-il gravement, je viens me livrer entre vos mains. Faites-moi arrêter et garder. Je suis un grand coupable, un misérable digne de l'échafaud. J'ai tué aujourd'hui même, il y a une heure, ma femme et ma fille. Arrêtez-moi !

Le magistrat comprit que mon père était tombé en démence. Saisi de pitié, il essaya de le rappeler au bon sens, à la réalité. Il ne put y réussir. M. Rayson persistait à s'accuser d'un crime imaginaire et répétait cons-

tamment d'une voix monotone, entêtée : « Je
suis un assassin, ne me laissez pas sortir.
Arrêtez-moi. »

Huit jours après, mon père mourait, dans
un accès de délire, à l'hospice des aliénés,
dans un cabanon de Sainte-Anne !

Et nous ? Nous, plus infortunées que le
pauvre mort dans le repos éternel de son
tombeau, nous errions déjà, inquiètes, égarées, en quête d'un asile, d'un appui, d'un
peu de sympathie, dans les grandes rues indifférentes de Paris.

Je vous l'ai dit, il ne nous restait rien de
notre opulence passée. Pendant la maladie
de papa, les huissiers, les recors s'étaient
abattus chez nous comme une volée de ra-
paces, et nous avaient chassées.

Nos robes, de menus objets de toilette, engagés au mont-de-piété — comme j'ai souffert
et pleuré le jour où je suis allée là ! — nous
procurèrent un peu d'argent pour nous loger
et ne pas mourir de faim tout de suite.

Notre famille nous abandonna. Il paraît

que l'affaire de papa avait fait du bruit dans les journaux, et que son nom, le nom de la famille, était déshonoré.

Nos amis nous fermèrent leur porte pour la plupart, et ceux qui nous reçurent se montrèrent si dédaigneux et si hautains, que nous résolûmes de ne jamais les revoir.

Ça, c'était encore la faute de papa. Il leur conseillait dans le temps de mettre beaucoup, beaucoup d'argent dans des affaires qui devaient rapporter de gros intérêts — 10, 15 o/o — et aujourd'hui ils disent qu'il les a entraînés dans sa ruine.

Repoussées, méprisées, abandonnées de tous, nous avons été cacher notre misère à Montmartre, dans un petit hôtel meublé, où personne n'a jamais soupçonné ce que nous étions ou plutôt ce que nous avions été.

Ma mère, brisée de douleur, désespérée, consumée par une lente agonie, y est morte entre mes bras.

J'étais isolée, sans défense, épuisée de chagrin. Je sanglotais en veillant le corps inanimé de ma mère. La maîtresse du garni ne craignit pas, en un tel moment, de me proposer un marché infâme. Elle m'avait déjà vendue !...

Après l'enterrement, je m'enfuis, je courus, n'importe où, folle, prête à me tuer...

Vous savez le reste.

XV

LA MAISON DE L'HOSPITALITÉ DE NUIT.

C'est une ancienne, une vaste maison, haute
de quatre étages, à façade jaunie, d'apparence humble. Nul signe extérieur, nul em-
blème religieux particulier ne la distinguent
des maisons voisines. Seulement, de chaque
côté des portes d'entrée, aux n° 253 et 255
de la rue Saint-Jacques, une inscription détaillée, en lettres noires peintes sur les murs,
avertit les femmes errantes, dépaysées, inoc-
cupées, sans ressources, celles qui ne savent
où passer la nuit, celles qui ont faim et celles
qui ont froid, les mères de famille, abandonnées ou veuves, que suivent des enfants
malheureux, les filles-mères ayant au sein

leurs bébés frissonnants, les égarées, les vi-
cieuses lasses de chasser l'homme, les dé-
classées, naufragées éperdues du mouvant
océan parisien, qu'elles trouveront dans ce
logis hospitalier, jeunes ou vieilles, étrangères ou Françaises, croyantes ou incrédules,
un gîte, un lit, un berceau, un foyer, du pain,
des soins offerts au nom de l'humanité.

— L'asile de nuit, m'explique brièvement
mon guide, est dû à l'initiative privée de la
Société philanthropique qui célébrait cette
année même le centième anniversaire de sa
fondation, en 1780. Il n'est rien de plus utile
et de mieux entendu que cet établissement
charitable, vraiment nouveau en France.

— N'est-ce pas, lui dis-je, une imitation
des workhouses anglais ?

— Imitation, s'il vous plaît, mais fort origi-
nale, et conforme au génie de notre nation.
Un large esprit de tolérance et de bonté se-
courable a présidé à l'organisation de nos
asiles de nuit. Nos voisins ne reconnaîtraient
pas en eux, je l'affirme, de franches copies.

des *nights'shelters* et des *Casual wards,* si amèrement critiqués par Dickens.

En passant le détroit pour se fixer ici, ces institutions ont complètement changé d'aspect. Elles ont d'abord dépouillé le rigorisme religieux, l'ostentation, la dureté pharisiennes qui déshonorent la charité anglicane et scandalisaient justement le grand écrivain. Les pensionnaires des asiles de nuit sont traitées avec les égards dus à l'infortune, si méritée qu'elle soit, car les femmes tombées sont bien peu responsables de leur sort. On s'efforce de les placer, selon le rang qu'elles ont occupé, en tenant compte de leur éducation et de leur savoir-faire.

On leur donne des vêtements, on habille leurs enfants, on leur avance quelquefois un peu d'argent, on les aide à se relever de leur déchéance, et souvent on y réussit.

— Votre enthousiasme peut être légitime, mais il me laisse sceptique. A qui reviennent, dites-moi, les éloges que vous prodiguez aux asiles de nuit ?

— M. Lapince me cita les noms des fondateurs, parmi lesquels ceux de MM. de Mortemart, de Rothschild, d'Haussonville, de madame la baronne Hottinguer, singulièrement associés, me frappèrent vivement.

— Voici, lui dis-je, des catholiques décidés, des protestants, des juifs...

— Eh bien ! qu'importe ? reprit-il. Ces personnes n'appartiennent pas au même culte et ne s'entendent pas moins à merveille, dès qu'il s'agit d'apporter leur cote-part à une bonne œuvre. Que ne leur reprochez-vous aussi de n'être point libres-penseurs et républicains socialistes ? Je parie que vous en avez envie ?

— Non pas. Mais je crains qu'une institution patronnée par eux ne soit un peu exclusive.

— Vous en jugerez ; nous allons l'examiner. Mais entre nous soit dit, c'est en matière de charité surtout qu'il faut se garder des préjugés d'opinions et pratiquer la politique conciliante des résultats. Pourvu que le bien soit fait, il ne me soucie guère du nom, de la qualité et des idées de ceux qui le font. Tant mieux s'ils sont riches, ils donnent davantage. Pour une croisade contre la misère, tout le monde peut s'enrôler, et les soldats de tous les partis sont les bien venus dans l'armée encore trop peu nombreuse de gens de cœur bienfaisants.

A l'heure tardive où notre voiture s'arrêta devant la porte d'entrée, les pensionnaires de l'asile, admises tous les soirs, de sept à neuf heures, étaient depuis longtemps endormies. Seule, la directrice, madame Horny, veillait, prévoyant sans doute que cette nuit froide et neigeuse amènerait au refuge plus d'une vagabonde. Au coup de sonnette de mon guide, elle vint ouvrir et reçut notre protégée avec un sourire affable et encourageant.

Mademoiselle Clotilde Rayson lui donna son nom, l'adresse de son dernier domicile, des renseignements précis sur sa famille et sa situation privée, et le tout fut inscrit sur un registre spécial.

Puis la directrice lui promit qu'on ne l'abandonnerait pas, qu'on lui trouverait des protectrices, qu'on saurait fléchir le mauvais vouloir de sa famille, et, l'ayant consolée, la conduisit à un dortoir spécial, composé d'un très petit nombre de lits privilégiés, réservés aux pensionnaires les plus dignes d'intérêt.

Madame Horny vint bientôt nous retrouver au parloir.

— Votre protégée, nous dit-elle, dort déjà à poings fermés, comme une bienheureuse. Elle avait grand besoin de repos ; la fatigue et les émotions de cette journée ont épuisé ses forces, ses faibles forces d'enfant gâtée. N'est-ce pas une enfant gâtée ? — Oui, sans doute. — Il ne me faut pas longtemps pour discerner les qualités et les défauts d'un caractère féminin. Tant de femmes de conditions différentes, depuis les grandes dames tombées dans la misère jusqu'aux pauvres tombées dans l'abjection, se présentent ici et

me racontent leur histoire, vraie ou fausse,
sincère ou arrangée ! J'ai appris à connaître
la société. Eh bien, voici mon jugement : la
pauvre petite est honnête et bonne, mais bien
peu préparée à gagner sa vie. Elle a toutes
les naïvetés et les ignorances de la première
jeunesse, et c'est tout au plus si elle ne jouerait
pas encore à la poupée, malgré ses vingt ans
sonnés, et ne croirait pas aux prodiges des
contes de fées.

— C'est ainsi pourtant, ajouta-t-elle d'un
ton pénétré de commisération, qu'on élève
les jeunes personnes dans le monde bourgeois.
Elles n'ont de goût que pour les bagatelles,
les chiffons et les romans. Cela fait pitié !
Clotilde Rayson ne sait presque rien, et nous
aurons certainement de la peine à la placer
comme il faut, si nous ne décidons pas sa famille à lui tendre la main. Cependant, rassu-
rez-vous, messieurs, nous y parviendrons ;
nous en avons casé de moins habiles et d'une
vanité qui les rendaient difficilement accep-
tables.

Vous plaît-il, maintenant, de visiter nos dortoirs?

— Très volontiers, lui dis-je, mais permettez-moi d'abord de vous adresser une question.

— Je vous écoute. Interrogez-moi sans scrupule et révélez tout ce que je vous répondrai sans crainte de me fâcher. Vous me serez très agréable.

— Avez-vous eu ici quelques femmes dans une situation pareille à celle de mademoiselle Rayson?

— Monsieur, nous avons reçue à l'asile de nuit des déclassés de tous les genres, de tous les états et de toutes les positions. Des femmes de lettres, des artistes, des institutrices, d'anciennes religieuses, des receveuses des postes, des pianistes sont venues nous demander à coucher pêle-mêle avec des blanchisseuses, des domestiques, des ouvrières et des mendiantes de profession. Parmi nos pensionnaires, quelques-unes ont décliné des noms retentissants, très nobles et très connus. La marquise de Ser....ac avait, jadis, tenu un salon fréquenté dans le faubourg Saint-Germain. On se disputait l'honneur d'y être admis. Il n'y a pas six mois que la misère l'obligeait à se réfugier ici.

La comtesse de Pon...ieu a passé chez nous quelques semaines en attendant le modeste emploi que nous lui avons fait obtenir dans un établissement de charité privé. Elle avait aussi mené grand train ; ses équipages étaient splendides, sa richesse paraissait immense, lorsqu'en 1871, son mari, joueur de Bourse effréné, perdit en un seul jour la fortune et la vie. Je pourrais vous citer maintes preuves de la diversité d'origine de nos pauvres recueillies.

Si vous assistiez à leur entrée, de sept à neuf heures du soir, vous distingueriez d'un coup d'œil à quelle classe elles appartiennent. Les unes se présentent timidement, parlent à voix basse ; les autres sont encore hautaines, ont le verbe haut et se drapent dans leurs robes fanées comme dans un manteau d'hermine. Si celles-là se taisaient, leurs toilettes éloquentes raconteraient leur passé. Elles n'ont plus le luxe, mais elles veulent en garder l'apparence.

Sur la soie râpée de leurs jupes, elles cousent des passementeries ternies, elles ont au cou et aux poignets des dentelles usées, et souvent elles n'ont pas de chemise sous ces loques prétentieuses.

Mon mari, qui les reçoit habituellement, respecte la manie de grandeur de ces illusionnées, et leur parle avec une déférence étudiée. Quand on les prend ainsi par leur faible, elles obéissent aisément aux règles de la maison. Les autres sont résignées à tout et n'ont jamais rien vu de plus beau que l'asile, ni rien connu de plus confortable : « C'est beau disent-elles, comme un hôpital ! »

Madame Horny avait satisfait à toutes nos

demandes ; il lui restait à nous montrer, par le menu, l'établissement qu'elle dirige.

Elle se leva, quitta son cabinet, et nous précédant, un bougeoir à la main, descendit un escalier qui nous conduisit au rez-de-chaussée.

Commençons par l'indispensable, nous dit-elle. Voici la cuisine de la maison.

Cette cuisine est une grande pièce carrelée, très propre, bien pourvue de tous les ustensiles nécessaires à la confection des aliments.

— Nous avons distribué, l'année dernière, grâce à ce fourneau économique, 1,371,000 portions, à des indigents de toutes les catégories, pensionnaires de la maison, ou venus du dehors, avec des bons.

Le compte des dépenses, en 1882, n'est pas encore arrêté, mais il ne donnera pas, je pense, un chiffre moins élevé. La misère ne diminue pas, et nous avons toujours à peu près le même nombre de détresses à soulager. Aussi, le fourneau ne chôme pas un instant.

— Ceci, reprit-elle en passant dans une étroite salle de bains et de douches, est un accessoire obligé de l'asile.

Je n'ai pas besoin de vous en expliquer la raison ; cela s'entend de reste. Mais s'il ne vous répugne pas d'avoir une idée de l'état de malpropreté inouïe dans lequel la plupart des réfugiées nous arrivent, jetez un coup d'œil sur notre « *armoire aux reliques.* »

Ce disant, elle souleva le couvercle d'une large caisse, où se trouvaient enfermé, en attendant un blanchissage urgent, du linge de corps, immonde, d'une couleur de suie, répandant d'infectes émanations.

— Ce sont des chemises que les inscrites de ce soir ont échangé contre des chemises blanches. Jugez par là de l'épouvantable dénûment de ces abandonnées et du service que nous leur rendons.

Nous montâmes au premier étage.

Dans un grand dortoir, éclairé par une veilleuse, reposaient sur des lits de camp gar-

nis d'une paillasse en varech, de draps et
d'une chaude couverture, les femmes qui n'a-
vaient pu présenter des papiers en règle, et
que le règlement de la maison, conforme aux
ordonnances de police, n'autorisait, par conséquent, qu'à passer une nuit à l'asile.

— Que deviendront demain ces infortunées ? dis-je à madame Horny.

— Je ne sais, fit-elle. Quelques-unes se pro-
cureront un certificat qui nous permettra de
les garder pendant trois jours. Les autres ?
Pauvres femmes, Dieu les garde ! Nos ressources sont bornées, et nous ne pourrions
faire davantage pour elles sans retrancher
quelque chose de la part de leurs semblables.

Ces vagabondes, que l'implacable misère
devait dans quelques heures ressaisir dans ses
terribles griffes, dormaient d'un sommeil de
plomb. Peut-être, vouées aux privations incessantes, aux souffrances quotidiennes, à la
faim, au froid, à l'insomnie, éprouvaient-elles
la sensation de bien-être que le voyageur
harassé par une longue marche trouve dans

une halte d'un moment. Ou plutôt, il semble que l'habitude de la douleur physique, qui forme les caractères passifs, endurcit l'épiderme et dompte les nerfs, les avait rendues indifférentes et même impénétrables à l'émotion dévorante et brûlante comme la fièvre, que donne au cerveau l'incertitude cruelle du lendemain.

Cependant, leurs visages au repos, d'une pâleur de cire, aux traits allongés, tirés, déprimés, accusaient fortement le mystère intime, le drame poignant de leur existence.

Ce dortoir du premier étage est dit provisoire; celui du second s'en distingue en ce que les lits de camp y sont remplacés par des couchettes en fer, pourvues chacune d'un sommier et d'un matelas excellents.

Les pensionnaires y demeurent trois jours au minimum, souvent une semaine, parfois jusqu'à ce qu'elles soient en situation de quitter l'asile.

Le dortoir du troisième étage est réservé aux mères de famille et à leurs enfants.

Les mères, — et parmi elles quelques-unes récemment accouchées et renvoyées de la Maternité après les neuf jours de rigueur, — avaient leurs bébés auprès de leurs lits, couchés en de légers berceaux.

Les poupons vagissant, criant, pleurant leurs mères les caressaient, leur donnaient le sein, les apaisaient d'une goutte de lait et d'un baiser, heureuses de contenter, pour un jour, ces chers petits éphémères que la mort, plus miséricordieuse que sévère, les voyant chétifs et misérables, avait déjà résolu d'arracher à toutes les angoisses de la vie des faibles et des délaissés.

— On sait trop, nous dit madame Horny, ce que deviennent ces enfants. En naissant, ils sont condamnés à mourir et la plupart ne vivent pas un mois. Que feraient-ils au monde, d'ailleurs? Il n'y a pas de place pour eux, n'est-ce pas? Leurs mères ne peuvent les nourrir, et, s'ils grandissaient, ils auraien trop de mal à rester honnêtes. Mieux leur vaut le néant, pour demeure, que le pavé de la rue!

Cette amère sentence, au fond si juste, termina notre entretien avec la directrice de l'Hospitalité de nuit.

Mon guide me donna rendez-vous pour le jeudi suivant.

— Nous visiterons, me dit-il, Grenelle et Montparnasse.

XVI

LE QUARTIER CROIX-NIVERT

LE TYPE. — LE SALON DE MARS.

Lisez-vous quelquefois les comptes-rendus des tribunaux correctionnels, dans votre journal?

— Oui.

— S'il en est ainsi, vous connaisssez déjà de réputation les célèbres bals de l'Ardoise et de la Victoire, l'illustre Salon-de-Mars, et peut-être même la Brasserie européenne et le Café Chéri, perles rares — sinon précieuses — de Grenelle.

Mais je gage, de réputation seulement—car vous n'avez pas commis, vous ne commettriez pas, fût-ce au prix d'un trésor sérieux, j'entends qui ne consisterait pas en obligations turques, l'insigne folie d'aller seul, et la nuit, vous égarer dans ce faubourg lointain du Paris étrange.

Car est-il un trésor qui nous puisse consoler de la perte ou du bris d'un membre essentiel, d'un œil poché, d'une jambe désarticulée ou d'une poitrine défoncée par le coup de tête lancé — à la façon d'un bélier — par un coquin sournois ?

Or ce sont là-bas d'ordinaires accidents, des peccadilles, des faits divers qui n'intéressent personne et ne touchent que les victimes.

Piteuses victimes, dont volontiers l'on se moque ! Que diable allaient-elles faire dans cette galère ?

J'avais ouï conter tout cela quand, malgré l'avis sage de mon guide, alors malade, et bien qu'il l'eût promis ne pouvant m'accompagner, je voulus seul tenter l'aventure.

Il en adviendra ce qu'il pourra, lui dis-je. Je visiterai Grenelle, par ce temps cu-

rieux de bals de nuit, parés, masqués et tra-
vestis.

— Je ne vous le conseille pas ; mais, si je
ne vous ai pas dissuadé, prenez au moins un
revolver

— J'aurai un revolver.

— Et n'y allez pas seul.

— J'aurai des amis.

Et je tins parole.

Précisément, je connais intimement quelques habitants de Grenelle ; mon projet leur
plut, et nous songeâmes aussitôt à nous dé-
guiser. C'était indispensable.

Nous vêtir de longues blouses bleues dépassant les genoux, nous couvrir de casquettes
à pont — et sur nos tempes ramener nos
cheveux — ce fut l'affaire d'un moment.

Ainsi costumés, si nous ne faisions absolument illusion, il ne s'en fallait de guère.

Peut-être n'imitions-nous pas le « poisson »
à s'y méprendre — on n'est pas parfait — mais
déjà nous n'étions plus des *types*.

A ce propos, vous ai-je défini le type?

En voici le portrait, sans retouche, Lapince *pinxit*.

Le monsieur bien mis, rentier, employé, commis, bourgeois, que sais-je? — le déshérité de l'amour, en quête d'une bonne fortune, d'une conquête aisée, fourvoyé dans un bal populacier, voilà le *type*. Il entre, et dès le vestiaire, on le reconnaît. Il a l'air si bête et si naïf, si niaisement fat et gobe-mouches, le type!

Sans frais de galanterie, il devient presto le point de mire des agaceries de ces « dames » et par surcroit l'espoir de ces « messieurs. »

Avant que la soirée ne finisse, le type sera rançonné, dévalisé, berné, dupé, mieux encore, enchanté, si ce n'est pis.

Que l'on grave en relief, au fronton des bals publics, cette sentence plus terrifiante que le *Mané, Thécel, Pharés* du festin de Balthazar : *Ici, malheur au type!* on n'en détournera pas le *type* infortuné.

Sans cesse averti par de sinistres exemples et toujours attiré par un mirage décevant de jeunesse et de plaisir facile, le type abonde, le type est partout où le guettent — tels que de sombres araignées les insectes — la fille et le souteneur, la drôlesse et le scélérat — *ligués contre lui.*

C'est que le type est éternel, immuable, multiple, incorrigible comme les infirmités humaines qu'il personnifie : vieillesse, laideur, bêtise, passion.

— Dépêchons, me dit mon ami Avelot. Le bal du Salon de Mars, première manière, doit être dans tout son brio.

Surpris qu'un bal eut deux manières, comme la peinture de Raphaël :

— Qu'est-ce, lui demandai-je, que la première manière du Salon de Mars ?

— C'est le bal des militaires. Il ouvre à la nuit tombante et se termine à la retraite.

— Bon. Et la seconde ?

— Vers dix heures, les danseurs de l'Ardoise refluent vers le Salon de Mars. Le bal change d'aspect, et, dans la même soirée,

offre ainsi deux tableaux différents, très
pittoresques, chacun en son genre.

Enfin le Salon de Mars nous apparaît, décoré d'attributs superbes, dans toute sa
gloire. Sa large façade grecque, à hautes
croisées cintrées qu'illumine le feu des
lustres, jette dans la sordide rue Croix-Nivert
un éclat magique. C'est bien ici le rendez-
vous... ô profane! qu'ai-je dit? c'est le temple
où se rejoignent en de voluptueux ébats Vénus
la blonde et Mavors le farouche, heureux
de se reposer en elle des sombres horreurs
du carnage. Ces drapeaux flottant au vent,
ces écussons où des lauriers peints entourent
les initiales R. F., ce sont pour les enfants de
Bellone de flatteuses enseignes.

Ici, tout sourit, tout obéit, tout veut plaire
à des militaires en joie. Les belles s'y disputent
à l'envi leurs regards vainqueurs, et ils ne sauraient pousser un soupir qui ne soit aussitôt
entendu et que n'exauce une femme, sensible
aux séductions multicolores de l'uniforme.

Mais d'où vient, ô muse des exploits héroïques, sévère Clio ! la tristesse empreinte sur le front ridé du vénérable contrôleur qui siége au vestiaire, et, d'un accent mouillé, nous réclame la faible somme de cinquante centimes ?

— Une énigme vivante, indéchiffrable, ce contrôleur ! Qui dira jamais son âge ? Il date peut-être de la Grande-Armée, et il a dû contempler la redingote grise du Petit Caporal. Mais, si antique qu'il soit, il l'est moins encore que son habit à la française, d'une coupe problématique, et que son jabot, marbré d'huile et de tabac à priser.

Sa tête, assiégée par de funestes pensées, tremblotte si fort, qu'on s'attend avec terreur à la voir tomber de ses épaules, d'où sans doute elle tomberait sans l'immense faux-col crasseux qui l'environne, comme un solide rempart une citadelle, et l'empêche de choir.

La douleur muette de ce vieillard râpé nous émeut et nous l'interrogeons d'une voix compatissante.

Et voici qu'il nous dit :

— O jeunes citoyens, vous me voyez affligé
de la décadence d'un bal qui eut ses jours de
splendeur et de majesté et que délaisse la
fortune inconstante. Naguère les plus beaux
hommes de France, revêtus des plus magnifiques costumes, se pressaient dans cet asile
du plaisir, de l'amour et de la vaillance.
Lanciers au coquet chapska, dragons en
verte jaquette, guides aux élégants brande-
bourgs, cuirassiers aux lattes sonores, gre-
nadiers aux plumets séduisants, voltigeurs
alertes, zouaves conquérants, héros de la cavalerie, de l'infanterie et de l'artillerie, tous
venaient ici, sûrs d'y rencontrer Fanchon,
Glycère ou Paméla, aimables hétaïres qu'en-
noblissait le goût des armes.

Oh ! dans ce temps regretté, que de fêtes
luxueuses ! que d'accords entraînants ! que de
repas de corps ! que de danses enchante-
resses ! Mais à quoi bon rappeler d'attristants
souvenirs ? que me sert de gémir ? Il n'est
plus de garde impériale, plus d'uniformes

brillants, plus de *sous-offs* irrésistibles. A peine, quelquefois, de simples griviers de la ligne, de petits *riz-pain-sel*, d'obscurs infirmiers pénètrent dans nos salons désolés. Un établissement voisin, l'intrigante brasserie Européenne, nous a ravi notre clientèle, la fine fleur de l'armée française. O mortel ennui !

L'inconsolable vieillard se tut, et nous montâmes.

Alors ses paroles amères me furent expliquées ; j'en compris le sens et la vérité.

L'illustre salon où plus d'un bataillon de danseurs et de danseuses pourraient se trémousser à l'aise a été coupé en deux par une cloison, et la moitié en est plongée dans une obscurité pénible, tandis que l'autre est presque déserte.

Ce n'est pas tout. Les grisailles dont jadis les murs étaient ornés sont déjà tout effacées par l'humidité des murs, en maints endroits tachetés de jaune. Ce n'est pas tout encore, le plancher n'est plus ciré, — s'il le fut jamais !

et la paille et la boue y font un moelleux et odorant tapis. Les troupiers y sont fort peu nombreux, mais les blouses et les bourgerons dominent.

Les femmes sont d'ignobles prostituées, au langage obscène.

Ça et là, Farfouillette de Grenelle, ou Fil-de-Fer du Gros-Caillou ont laissé leur signature au-dessous de leurs réflexions coutumières : Mort aux vaches ! etc. Sur les tables de bois sale, des consommations empoisonnées sont servies, et inspirée par le breuvage délectable du lieu, une femme chante :

> C'est pas une plaisanterie,
> Faut que j'passe mon béguin ;
> J'suis pas jolie, jolie,
> Mais j'suis (coch....) tout plein.

Voilà pourtant ce que le Salon de Mars, naguère si fameux, est devenu : un repaire de filles éhontées et d'effrontés souteneurs.

Ainsi passent les vanités de ce monde ! Où de galants militaires déployaient leurs grâces belliqueuses se prélassent et s'éjouissent les pâles voyous des anciennes barrières, où resplendissaient de nobles livrées, garance, bleue, verte, orange, où miroitaient les buffleteries astiquées, où les sabres fourbis étincelaient, où rayonnaient les galons d'or et d'argent, où les éperons d'acier résonnaient, s'étalent impudemment les blouses et les bourgerons intacts et les inévitables casquettes à pont d'une populace dangereuse.

Vue de cette façon, par l'objectif du passé, la fête de nuit du Salon de Mars produisait en moi l'effet d'un cauchemar pesant.

L'orchestre même, l'orchestre, composé de gagistes de l'armée, ayant gardé mémoire des jours prospères du bal, l'orchestre obsédé, laissait comme à regret une musique somnolente s'exaler des violons et des pistons, des clarinettes et des trombones, ceux-ci gonflés d'un souffle alangui, ceux-là touchés d'une main que nulle ardeur n'agitait.

— Partons, dis-je à mon guide, fuyons ce bal ruiné. Allons à la triomphante

BRASSERIE EUROPÉENNE

— Oui, mais alors cessons de cacher nos paletots. Il faut du décorum à la Brasserie Européenne : c'est un bal *chic*.

XVII

LA BRASSERIE EUROPÉENNE. — LE CAFÉ CHÉRI.

Rivale éclipsante du Salon de Mars, la Brasserie Européenne, célèbre dans l'avenue La Motte-Piquet et aux environs, jette dans ce quartier silencieux et morne comme un vaste camp endormi, un éclat fulgurant et d'éclatantes sonorités.

L'insouciante, prodigue, brave et pimpante jeunesse de l'École militaire l'a élue pour son bal et son café préférés. — Tous les dimanches, heureuse permissionnaire de minuit ou de la nuit, elle vient s'y distraire de l'austère étude de la théorie et des laborieuses fatigues de l'exercice. Elle sait bien qu'en ce lieu charmant, éblouissant et qui lui est exclusivement consacré, elle ne trouvera pas de cruelles.

Bien avant l'ouverture du bal, les grisettes de Grenelle et du Gros-Caillou, de tout temps non moins amoureuses des militaires que ne l'était la grande-duchesse de Gérolstein, attendent, le cœur palpitant et déjà battant la chamade, leurs prestigieux danseurs. Il n'est point là de vulgaires pékins qui puissent disputer à nos soldats les faveurs des belles. Les calicots même, les élégants et coquets calicots en sont bannis et n'osent y paraître.

Assurés de leurs succès, fantassins et cavaliers, sous-officiers et volontaires d'un an, se présentent au contrôle d'un air adorablement fat, la moustache en croc, le casque ou le shako penchés sur l'oreille, le bancal ou le sabre-baïonnette relevés à la « mousquetaire, » la bouche souriante, l'œil condescendant. Ils franchissent la porte d'entrée du bal, située au fond de l'estaminet, ils passent sous une voûte de drapeaux, et les voici dans une salle à panneaux dorés, et mirifiquement éclairée de plusieurs lustres — où nous les suivons.

Bientôt la salle où nos guerriers, mémoratifs des leçons du maître de danse du régiment , gardien vigilant du *pas français* , dessinent les figures chorégraphiques les plus orthodoxes, offre un spectacle chatoyant de couleurs variées, sous la lumière rouge du gaz, se mêlant, flottant, se rapprochant, s'éloignant, se rassemblant, se repoussant dans une chaîne sans fin de mouvements tour à tour ondu'eux, droits, circulaires, obliques, retenus, élancés, gracieux, martials, hardis ou prudents.

Il semble qu'on voit, sur la lentille d'une lanterne magique, s'agiter, passer et repasser, paraître et disparaître, remuant mécaniquement tous leurs membres et dessinant les plus bizarres postures, une foule de personnages falots, vêtus des étoffes multicolores et multiformes dont les pantins de tous les pays, Punch ou Guignol, Polichinelle ou Gringalet sont habillés !

Mais quel bruit inusité entraîne la masse des danseurs et nous-même en un coin du bal ?

Une querelle divise, brouille, met en colère deux frères d'armes, deux futurs ennemis.

Amour, tu perdis Troie ! et c'est de toi que vint
Cette querelle envenimée...

Une femme, sanglotant à l'écart, a été la cause involontaire de la rupture. Deux héros, séduits par ses appas, l'un *marchis* d'artillerie, l'autre fourrier d'infanterie, se disputaient son cœur, et ne voulant appartenir qu'à un seul, c'est le fantassin qu'elle a choisi.

Inde iræ ! et demain, peut-être, demain matin, à l'aube, dans le manège de l'École militaire, ces preux répandront leur sang sur l'arène sablée pour cette dame de beauté.

Car les choses sont devenues graves. Les attaques ont commencé ; des affronts mortels ont été reçus. Le bouillant « marchis », prenant son bock d'une main terrible, en a lancé le contenu sur le fourrier, dont la figure ruisselle de bière mousseuse. Et le fourrier, prompt à la riposte, a vidé son verre de vin chaud sur le champion de la cavalerie. Des mots blessants, insultants, affreux, sont échangés en même temps que ces voies de fait liquides.

Autour des adversaires se pressent, d'un côté, les artilleurs, de l'autre, les lignards. On parvient non sans peine à les séparer, mais ils cèdent à l'espoir de se trouver sur le terrain pour un duel meurtrier.

Ici le chœur s'écrie :

— Il ne sera pas dit que l'orgueilleuse artillerie triomphera sans combat de la ligne intrépide ! Non ! non !

Et là :

— Jamais l'artillerie n'abdiquera devant les fantassins provocants. Non ! non !

— Ceux-là se croient forts parce qu'ils sont grands. On verra bien !

— Ceux-ci se croient malins, parce qu'ils sont petits ! Mais attendons un peu !

Des deux parts, on fait le serment de se venger, et une mâle résolution se lit sur les visages irrités.

Mais dès que le marchis vexé et le fourrier

favorisé sont partis, les danses recommencent, les quadrilles se reforment, les polkas et les valses tournoient de rechef, et les représentants de tous les régiments de France se coudoient fraternellement et sans rancune.

— Vous convient-il d'aller maintenant au bal de l'Ardoise? dis-je à mon guide au sortir de la Brasserie Européenne.

— Trop tard ! me répondit M. Avelot. En ce moment, le bal de l'Ardoise et celui de la Victoire sont fermés. Les danses ont cessé, faute d'amateurs, et les danseurs sont partis pour d'autres exploits. Si vous m'en croyez, vous ne regretterez pas cette circonstance. Qu'auriez-vous observé dans ces lieux mal famés, sinon ce que vous avez déjà vu ailleurs et décrit plus d'une fois pour vos lecteurs? C'est un principe littéraire, qu'il faut se garder de se répéter, n'est-il pas vrai?

— Vous avez raison. Cependant, je n'aurais pas été fâché de contempler de près les aimables drôles dont la *Gazette des Tribu-*

naux m'affirme souvent que ces endroits sont remplis.

— Qu'à cela ne tienne ! Nous allons retrouver ces messieurs au café Chéri.

— Où cela ?

— Là-bas, ce point lumineux, à la jonction des rues Cambronne et Croix-Nivert ! C'est le café Chéri.

Nous n'avions qu'à marcher droit devant nous.

A l'extrémité de l'avenue de Lowendal, la place Cambronne semble, les jours de fête et de bal de nuit, un phare rayonnant dans les profondes et menaçantes ténèbres des boulevards extérieurs.

Et de fait, c'est un phare pour les rôdeurs sinistres et les noctambules, songeurs malfaisants.

C'est un phare dont la clarté guide vers leurs misérables plaisirs, dans les cabarets et les estaminets borgnes, tous les fuyards de l'usine et de la fabrique, se consolant de l'oisiveté par la noce.

Ils sont nombreux, trop nombreux ces déserteurs maladifs et affolés dans ce faubourg laborieux, où la fumée des cheminées immenses met au ciel une teinte de plomb permanente et que le martellement des forges et le grincement des machines emplissent d'un bruit cyclopéen inextinguible.

C'est un phare aussi pour les malheureuses qu'une implacable nécessité jette dès la brune, par tous les temps, qu'il pleuve, neige ou vente, sur le chemin où, chantonnantes pour se donner l'air insouciant, elles guettent les passants attardés. Quand leurs mains se glacent et que leurs jambes se dérobent, elles vont à la hâte réchauffer leurs membres engourdis chez les marchands de vin de la place et puiser dans un verre de *troix-six* la force de recommencer leur triste besogne.

Rôdeurs, ouvriers sans travail, filles perdues sont à l'heure où nous arrivons rassemblés au café Chéri, où les attire la modicité du prix des consommations. Quelques-uns, fatigués de leurs courses errantes, dorment la tête couchée dans leurs bras croisés sur la table. D'autres, groupés, sont à l'inverse extrêmement animés et parlent avec volubilité, bien qu'à mi-voix, pour n'être pas entendus de leurs voisins. Que peuvent-ils se dire? A en juger par leurs visages ternes, leurs regards soupçonneux et durs, leurs ris méchants, ils n'ont rien d'innocent à se communiquer.

Ici une femme et des enfants entourent un ivrogne affaissé, le chef de la famille, qui vient de gaspiller sa paie. La femme et les enfants ont devant eux des verres et des bouteilles vides, et boivent à leur tour, par imitation, pour avoir leur part d'ivresse.

La femme dit à son mari :

— Au moins, s'il n'y a rien à boulotter demain, à la maison, tu n'auras pas bu toute la « galette » à toi seul, lâche, fainéant !

Lui, il ouvre tout grands des yeux noyés, éteints, vagues, et il ne voit devant lui ni sa femme ni ses enfants. Il ne sait pas où il est, ni ce qu'il fait; il est mort.

Ça et là, des marchands de gâteaux secs offrent leurs friandises et font de maigres recettes. Les marchands de bijoux faux auraient plus de succès, mais l'argent manque pour acheter leur camelotte dorée. Pourtant que de convoitises visibles éveille chez les femmes la contemplation des boucles d'oreilles, des bagues, des boutons de manchettes luisant dans les cases de velours grenat! Elles se donneraient pour une de ces bagatelles.

XVIII

LES CLIENTS DE LA COUR DE ROME.

Cependant de bizarres personnages sont entrés au café Chéri, où leur arrivée a produit une énorme sensation. C'est qu'en effet ils sont curieux, si curieux, qu'on ne peut se lasser de les dévisager et d'étudier en détail les singularités de leurs déguisements.

— Sont-ce des masques de bal travesti ?

— Nullement.

— Voici, m'explique Avelot, le contingent de la Cour de Rome.

— Qu'est-ce que la Cour de Rome ?

— Ce titre désigne une très vaste maison, sise dans le haut de la rue de Vaugirard, où logent bon nombre de charlatans, bateleurs, camelots, virtuoses ambulants, qui encombrent

les places de Paris à cette époque de l'année.
Ils vont se reposer ici quelques instants avant
de retourner chez eux.

Je fixais attentivement ces orateurs populaires, ces artistes nomades, si éloquents, si
entraînants, si merveilleusement doués, que
leur renommée, loin de s'épuiser avec le
temps, grandit sans cesse, et que la foule,
toujours blaguée, trompée, et tout de même
charmée par leurs paroles menteuses, mais
captivantes, se presse autour de leurs tribunes
et leur prodigue ses gros sous.

L'un d'eux, le père Perrodin, dit *le Sau-
vage*, étalait un costume d'une magnificence
éblouissante. Une tunique de velours, pail-
letée d'or et d'argent à profusion, l'habillait
jusqu'aux genoux. Il avait aux jambes de
superbes bas rouges et aux pieds des ba-
bouches orientales d'un luxe improbable. Sur
sa poitrine, de longues et brillantes chaînes
métalliques tenaient suspendues de riches
décorations, présents de toutes les cours in-
connues de l'Afrique centrale. Au côté droit,

il portait, attaché par une boucle à un ceinturon de cuir de Russie, constellé de diamants, un cimeterre orné de pierreries, don authentique d'un nabab du pays de Dahomey. Enfin, sur son chef, un diadème semé d'émeraudes et de topazes dominait sa longue chevelure noire et frisée, et le plaçait ainsi à son rang, au niveau des têtes couronnées auxquelles il avait jadis vendu — en amical confrère — la pâte à rasoirs du Sahara.

— Le père Perrodin, me dit Avelot, est un négociant des plus remarquables. Il fabrique et vend depuis vingt-cinq ans son infaillible pâte du Sahara, et grâce au produit de cette industrie, il a pu élever une véritable progéniture de mère Gigogne. Deux fois marié, il n'a pas eu moins de vingt-cinq enfants, dont la plupart se portent fort bien. Si les théories gouvernementales de la Convention nous régissaient, ce prolifique citoyen ne mériterait-il pas une subvention nationale?

— Oui; mais nous vivons sous l'empire des doctrines de Malthus, et le *physical res-*

treint est un dogme en notre pays. Les éco-
nomistes auront beau nous reprocher de ne
pas peupler, j'ai bien peur que le gouvernement ne se décide pas de si tôt à venir en
aide aux ménages féconds.

— Et ce sont les ménages pauvres qui sont
les plus féconds.

— Naturellement. Rappelez-vous cet apho-
risme de Diderot : « Faire un enfant est le
seul plaisir qui ne coûte rien ! »

— Dans l'instant même où l'on en jouit?

— Les prolétaires ne voient jamais plus
loin que cet instant-là.

— Les collègues du père Perrodin, sans
être autant que lui brillants, avaient cependant de très cocasses et de très jolis oripeaux.
Celui-ci portait le chapeau pointu enrubané
et rehaussé de configurations célestes, ainsi
que l'ample robe azurée des astrologues divi-
nateurs. Celui-là se pavanait dans un justau-
corps fleurdelisé à la mode du seizième
siècle. Un autre, ayant emprunté son costume

au moyen-âge, n'avait pas trop vilaine tournure en contemporain de Charlemagne. Enfin,
quelques-uns étaient tout simplement déguisés
en « gentlemen »

Que pensent ces bohêmes, acteurs insouciants d'une pièce joyeuse, qui semblent se
promener dans la vie pour se moquer des
humains naïfs et les tromper en les amusant? Se peut-il qu'ils ne soient pas aussi gais
qu'ils le paraissent? Au fond de leurs coupes
enchantées, trouvent-ils parfois un peu d'a-
mertume?

Mon Dieu ! oui, lecteur.

Le père Perrodin se plaint de n'avoir pas
la fortune d'un inconnu fastueux qu'il nomme
M. Flambant, et qui, sur nos places, se
plaît par ostentation, devant le public
ébaubi, à plonger son bras jusqu'au coude
dans une soupière pleine de pièces de cent
sous!

— Un imbécile, ce Flambant; mais quel
chic, quel *pallas* ! Un carrose, un vrai
carrosse de la cour, où jadis Louis-Phi-

lippe a fait voiturer les maires ruraux, un carrosse à quatre chevaux fringants — à laquais, et par dix lanternes illuminé — lui sert de siége pour dominer et attirer le « trêpe » (la foule).

— Sans doute, père Perrodin, dit un ami consolant ; mais le Flambant ne saura jamais faire une *postiche* (une harangue) comme vous.

— Ni comme moi, reprend un collègue ; je n'ai pas mon pareil, je m'en flatte, pour débiter un « comtois ». Je suis sûr de mon effet ; les badauds m'achètent tout ce que je veux.

— Même tes cartes transparentes, qui ne sont pas transparentes ?

— Surtout mes cartes. C'est mon meilleur article. Tant pis pour les amateurs de pornographies, s'ils se laissent attraper par mes boniments.

— C'est égal, l'année est mauvaise ! La bonne aventure ne réussit plus.

— Ni la somnambule extra-lucide qui

sait le présent, devine le passé et prévoit l'avenir.

— Ni le verre d'eau magique où les tourlourous venaient admirer la physionomie fidèle de leurs payses.

— Ni le savon arabe à détacher !

— Ni la poudre de gazelle du Turkestan qui fait repousser les dents et arrête la chute des cheveux.

— Ni la loterie, où l'on risque de ne jamais gagner un petit lapin blanc !

— Ni le portrait fait à la minute, au moyen d'un ciseau savant, pour ceux qui n'aiment pas la photographie !

— Ni... Ni...

Mais nous en avions assez entendu de ces lamentations chagrines, toutes modulées d'après ce motif fatidique : les affaires ne vont pas !

Et, nous répétant philosophiquement, après le bon Horace, que nul ici-bas n'est content de son sort, nous avions quitté le magnifique café Chéri.

XIX

LES GARNIS. — LES MENDIANTS.

Ce matin-là, M. Lapince m'attendait à son poste de prédilection : au café de l'Horloge, en face du Palais.

Il n'était pas seul.

Un étranger lui tenait compagnie, dont la mise correcte, le veston court de drap rayé, le faux-col raide, la cravate croisée, la tournure grave, empesée, flegmatique, indiquaient suffisamment la nationalité. Anglais de la tête aux pieds, le gentleman avait une bonne grosse figure, encadrée de favoris blonds, méthodiquement taillés, tout à fait ouverte et joviale.

M. Lapince nous présenta l'un à l'autre.

— Sir Naseby, dit-il, philanthrope et mil-

lionnaire, deux professions qui ne s'excluent
pas. Il pouvait jouir en paix d'un immense
estate dans le Lancashire, et s'est pris soudainement d'une belle tendresse pour l'humanité en général, et pour les mendiants
parisiens en particulier. Il se propose de
visiter aujourd'hui ces mendiants, auxquels il
compte offrir prochainement un logement,
des meubles et des rentes.

Sir Naseby nous dit en souriant :

— Mes projets ne sont pas si vastes. Ceux
que vous me prêtez dépasseraient ma fortune. Je désire seulement fonder à Paris,
mon pays d'adoption, une maison de retraite,
un hôtel des invalides, pour le plus grand
nombre d'éclopés possible. Cela me fâche de
voir la plus jolie capitale du monde, la plus
spirituelle et la plus généreuse, si pleine encore de boîteux, de manchots, d'aveugles, de
culs-de-jatte, qui tendent la main aux passants, et transforment certains quartiers —
les quartiers riches surtout — en véritable
cours des Miracles. Le spectacle d'infirmités

hideuses et de plaies horribles est répugnant
et provoque plutôt le dégoût que la pitié. Je
crois qu'il serait digne d'une ville civilisée et
d'une bonne police de ne pas permettre de
pareilles exhibitions, et de ménager tout au
moins la délicatesse des femmes et des enfants. N'avez-vous pas depuis trente ans
passés une Assistance publique bien pourvue ? De quoi vous sert cette institution, si
elle ne peut vous délivrer d'une épouvantable
mendicité !

— Pardon, dis-je à l'étranger. Votre taxe
des pauvres, équivalente à notre Assistance
publique — la *poor rate* — date, je crois, du
temps de votre reine Elisabeth, du seizième
siècle, et je ne sache pas que l'Angleterre,
après trois siècles de charité officielle, soit
absolument débarrassée des importunités
effrontées des mendiants. Cependant vous
dépensez environ 350 millions par an pour
vos indigents, et nous ne donnons pas aux
nôtres le tiers de cette somme. Le revenu de
l'Assistance publique parisienne n'est guère

plus que de 20 millions. Londres a, j'imagine, une somme bien plus considérable à sa disposition, et ne s'en porte guère mieux.

— Ne mettons pas en tout ceci d'amour-propre de clocher, reprit sir Naseby. Tout n'est pas parfait dans ma patrie, et Londres a, j'en conviens, de grands défauts que vos écrivains ont beaucoup exagérés. Les Français qui parlent de l'Angleterre ne gardent jamais un juste milieu : ils sont louangeurs à l'excès ou critiques acerbes, ils n'y voient que de l'excellent ou du pire. J'ai lu l'emphatique déclamation que votre célèbre Ledru-Rollin a intitulé poliment : *De la Décadence de l'Angleterre*. C'est un éloquent tissu d'observations superficielles qu'il serait facile de faire sur tous les pays du monde.

Quoi qu'il en soit, notre exemple ne doit pas vous servir d'excuse. Paris est si beau et si agréable qu'on voudrait qu'il fut sans imperfections.

Que votre conseil municipal, si l'Assistance publique n'est pas assez riche pour enfermer tous les culs-de-jatte, les manchots, les boiteux et les aveugles qui courent les rues, nous demande une contribution supplémentaire ; nous donnerons notre argent de bon cœur. Mais, de grâce, qu'on nous ôte la vue des moignons violacés, des yeux sanguinolents, des doigts crochus, des paralytiques marchant à quatre pattes ! — Il n'est rien de plus révoltant ni de plus honteux que l'étalage toléré de ces horreurs physiques.

Il nous fallut avouer que sir Naseby avait raison.

— Maintes fois, observa M. Lapince, la police s'est occupée des mendiants, et l'histoire de Paris, pour ne parler que de cette ville, est remplie des arrêts sévères que les prévôts et les lieutenants criminels au Châtelet ont rendus contre eux. Jadis ils pullulaient, protégés, du reste, et presque entretenus par la charité mal entendue des communautés religieuses. On les retrouvait dans tous les crimes, dans tous les attentats dont Paris était journellemont le théâtre redoutable. Aujourd'hui même ils sont encore extrêmement dangereux, comme tous les gens sans moyens réguliers d'existence et sans aveu. Cependant, il faut convenir que le nombre en diminue constamment. Moins inventifs ou plus timorés que leurs devanciers, ils n'oseraient pas simuler une maladie, une blessure, une infirmité pour obtenir une aumône.

Au temps de Louis XIII, quelques-uns de ces misérables se firent lépreux pour entrer dans les maladreries, et il fallut qu'une ordonnance de ce prince dénonçât leurs fraudes et les menaçât d'un terrible châtiment. Bien mieux, en 1596, deux ordonnances successives du « bon roi » Henri IV, en date du 29 août et du 24 octobre, enjoignirent à tous vagabonds, gens sans maîtres et sans aveu, et à tous pauvres valides qui restaient à Paris, d'en sortir dans les vingt-quatre heures, et de se retirer chez eux aux lieux de leur naissance — *à peine d'être pendus et étranglés sans forme de procès,* — et ordonnèrent en outre, afin qu'ils fussent reconnus à l'avenir, qu'ils seraient rasés.

Quelle terreur devaient inspirer les truands et les malingreux pour qu'on fut obligé de déployer contre eux une pareille sévérité !

— Vos rois étaient trop rigoureux, dit sir Naseby, mais ils avaient raison de réprimer la mendicité. Ne pendons pas les mendiants, mais employons ceux qui sont valides et enfermons ceux qui sont horribles. Ces mesures concilieront tout : l'intérêt de ces malheureux et l'intérêt social, et le scandale de leur présence cessera.

XX

UN GARNI DANS LA RUE MAITRE-ALBERT.

Tout en causant ainsi d'une façon, à mon avis, intéressante pour nos lecteurs, nous étions arrivés rue Maître Albert, devant le numéro 17.

— Je vais, nous dit M. Lapince, vous montrer l'une des maisons garnies les plus fréquentées de ces messieurs.

Deux mots tout bas chuchotés à l'oreille de la propriétaire de l'hôtel nous acquirent immédiatement les bonnes grâces de cette aimable personne. Elle se mit à notre disposition et s'offrit à nous guider dans son immeuble.

Le n° 17 de la rue Maître-Albert est une bâtisse massive, reste d'un hôtel aristocratique ou d'un couvent transformé depuis la Révolution. C'était même, assure mon guide, une dépendance du château que la reine Blanche, — Blanche de Navarre, seconde femme de Philippe de Valois, — fit construire au quatorzième siècle, rue du Fer-à-Moulin. Peut-être ! Mais si je n'ai pu vérifier ce point contestable d'archéologie, il n'importe guère à notre sujet.

Ce qui est certain, c'est que l'escalier monumental garde quelques traces d'une splendeur passée. La rampe est en fer artistement ouvragé. Au sommet des pilliers, au centre des voûtes gothiques s'épanouissent de fines sculptures, et les fenêtres sont arrondies en ogives.

La maison contient 104 lits, répartis en une douzaine de chambrées... Vaste est la maison et pas un pouce n'en est perdu. Un trou béant, entre le mur et l'escalier est une chambre. J'y vois un lit. Un homme habite ce trou. Une lucarne l'éclaire, ouverte au vent, à la pluie, aux raffales glacées.

— Pendant l'hiver, vos locataires ne la ferment-ils pas ? — Et la « dame » de l'hôtel nous répond : Bah ! ils ne sont pas si délicats !

Une chambrée, c'est douze lits, couchettes de soldats se touchant presque, et sur ces lits une loque en laine, et dans ces lits quelque chose comme des draps. Il est onze heures, la plupart des lits sont vides : les oiseaux de nuit ont déniché. Pourtant, quatre ou cinq individus sont encore enfouis dans leurs « poussiers » ; de maigres hardes, une blouse, un pantalon de toile bleue, une veste usée, étendus sur eux pour boucher les trous de la couverture.

— Ceux-là font la noce depuis trois jours, nous explique l'hôtesse ; ce matin, ils ont mal aux cheveux.

— Dites plutôt qu'ils passent leur temps à rôder pour trouver l'occasion d'un mauvais coup, dit l'ex-agent, qui les observe attentivement.

— Et je pense, *in petto*, que l'hôtesse et

l'agent ont probablement raison tous les deux, leurs suppositions n'étant pas contradictoires.

De vigoureux gaillards, ces dormeurs attardés ! mais quelles physionomies effrayantes ! Leurs visages verdâtres, bouffis, aux yeux clignotants, les font ressembler à des asphyxiés couchés sur le zinc de la Morgue. L'air qu'ils respirent, alourdi de fétidités, les assoupit mollement, paralyse leurs nerfs, éteint en leurs cerveaux la faible lueur de raison et de sentiment qui peut-être y brillerait encore dans une atmosphère moins malsaine.

En ce moment, la volonté est en eux étouffée. La pensée de secouer leur torpeur, d'être énergiques, résolus et forts, ne peut même pas leur venir. Ils éprouvent l'indomptable impuissance d'agir que doivent ressentir les suicidés par le carbone, lorsque les vapeurs du réchaud ont rempli les cellules de leurs poumons. Ils sont contraints à la paresse stupide. Pour les éveiller, il leur faudra la secousse d'un verre brûlant d'eau-de-vie...

Nous gravissons un second étage, puis un autre, puis un autre encore, nous touchons au toit, et partout, dans chaque coin de cette maison, d'une régularité immonde voulue, nous trouvons une chambrée pareille, foyer d'infection suffocante et de misère inouïe.

— Et quels gens habitent ces taudis? demandons-nous à l'hôtesse.

— Un peu de toutes les sortes. Des mendiants, des vagabonds, des *lipétes* et des *bigorniaux*, c'est-à-dire des Limousins et des Auvergnats; ces derniers, quelquefois par économie, pour faire un « sac » qui leur permette de s'établir marchands de ferraille, brocanteurs ou charbonniers. Quand ils sont devenus riches, quelques-uns retournent au pays où ils achètent un lopin de terre.

— Combien vos locataires paient-ils?

— Trente centimes par nuit.

— En avez-vous beaucoup?

— Tous les soirs à huit heures, la maison est pleine; nous refusons du monde. Nos habitués retiennent leur lit à l'avance, sortent ensuite, et rentrent pour se coucher entre dix heures et minuit. Mais nous avons aussi des locataires sérieux !

— Que voulez-vous dire ?

— Oui, des gens bien tranquilles, pas ambitieux...

— On vous croit — sans peine.

— Qui habitent chez nous depuis vingt ans et n'ont jamais un sou de dette.

— Bien ; mais de quoi vivent-ils, ces prodiges d'honnêteté et de désintéressement ?

— Oh ! l'on ne sait pas au juste, vous comprenez. Ça bibelotte, ça mendie, ça fait des « trucs » où le bon Dieu perdrait son latin. Avec ça, malin comme des singes. Pas mèche que la police les attrape ! On en arrête bien quelquefois pour vagabondage, mais on les relâche tout de suite, parce qu'ils disent que ça leur est égal d'être en prison, vu qu'ils sont couchés, nourris et habillés aux frais du gouvernement, et que c'est plus agréable que de travailler. Ce sont tout de même de bons

garçons, qui ne font de tort à personne, n'est-
ce pas ?

Quand ils vont dans les églises, dans les
endroits comme il faut, c'est tant mieux pour
eux si des gens si riches qu'ils ne connaissent
seulement pas leur fortune, leur font la
charité de quelques sous.

L'hôtesse ayant tout dit, il nous restait
à la remercier ; ce que nous fîmes volontiers.

— Cette maison extraordinaire n'est pas
seule de son espèce, nous dit M. Lapince.
Nous allons maintenant, si cette excursion
vous plaît, nous diriger vers la rue de la Parcheminerie.

XXI

US ET COUTUMES DES MALFAITEURS. — L'HOTEL
ROBINSON.

La complaisance parfaite que la maîtresse
de l'hôtel de la rue Maître-Albert avait mise
à nous montrer les singularités de ses garnis
m'avait beaucoup surpris.

Chemin faisant, je le dis à mon guide.

— Ne vous étonnez pas, répondit M. Lapince. Cette dame et moi nous sommes d'anciennes connaissances. J'ai souvent exploré
minutieusement ses chambrées, ouvert ses
placards, regardé sous ses lits, décousu ses
paillasses, quand, en ma qualité d'agent de
la sûreté, je cherchais chez elle un gredin ou
des objets volés qu'on supposait y être ca-
chés. Les garnis de cet ordre sont fréquentés

autant par les *fagots* que par les mendiants.

Sir Naseby tirait déjà de sa poche l'inévitable *French and english dictionnary* dans l'intention d'y chercher une explication rationnelle du mot fagot, lorsque M. Lapince reprit en riant :

— Laissez votre dictionnaire, sir Naseby. Les fagots dont je parle ne sont pas les morceaux de bois que votre livre indiquerait, mais, en argot de police, de vieux scélérats que plusieurs années de séjour dans nos prisons centrales de Poissy ou de Clairvaux ont incomplétement corrigés, ou même brillamment développés. Nous attribuons la plupart des vols importants commis dans Paris à ces messieurs, ce qui nous oblige à nous tenir au courant de leurs habitudes. Nous savons où ils mangent, où ils s'amusent et où ils logent, et les propriétaires des maisons qu'ils honorent de leur clientèle sont absolument à notre dévotion. Les ordonnances de toutes les époques et surtout celles de 1778 et de

1780, qui sont encore en vigueur aujour-
d'hui, sont formelles à cet égard.

— Fort bien ! dit sir Naseby ; mais
est-il possible que des coupables reviennent
aux endroits qu'ils sont accoutumés d'ha-
biter et où on ne peut manquer de les
prendre ?

— Ils y reviennent fatalement. Il n'y a pas
d'êtres plus routiniers, moins inventifs, plus
aveugles que les malfaiteurs de profession.
Je pourrais vous donner les preuves les plus
curieuses de leur imbécilité naïve. Leurs
ruses sont enfantines et si bien cousues de fil
blanc qu'il suffit presque toujours d'en
prendre le contre-pied pour trouver la
vérité.

Quand nous les interrogeons, leur premier
souci est d'abord de mentir. Ils nous donnent
un faux nom, un faux état, une adresse
inexacte. Et deviniez ce qu'ils imaginent? Le
nom, l'état, l'adresse que nous inscrivons,
sont quatre-vingt-dix-neuf fois sur cent ceux
d'un de leurs proches parents, d'un beau-

frère, d'un oncle, d'un cousin.. Comme c'est ingénieux !

Ainsi du reste. Après un crime signalé, ils essaient d'abord de se cacher. Ils ont peur du garni, où il faut laisser son nom, sa profession, l'adresse de son dernier domicile, montrer des papiers.

Alors ils ne se couchent pas tous les jours dans un lit, sous un toit. Trop las, ils s'affaissent sur les bancs de nos boulevards, des jardins publics, autour des musées, — et vous, passants, jetant un regard distrait sur leurs figures pâlies et leurs vêtements fripés, vous vous demandez ce qu'ils font là.

Là, ils attendent la nuit, pour errer de rue en rue, de caboulot en caboulot, à l'affût d'un méfait hasardeux.

Parfois nous perdons leur piste. Mais nous ne nous tenons pas pour battus ; nous les guettons aux rendez-vous, où, toujours surpris, ils reparaissent toujours par habitude, par besoin aussi de revoir un associé, une maîtresse, un être humain qui ne les repousse

pas. Ils ont des retraites préférées, bien connues de ceux qui les « filent ». L'été, ils vont
dormir au frais sous l'arche d'un pont, l'hiver
en des carrières abandonnées... Nous les prenons là, et ils achèvent leur somme, inter-
rompu par une arrestation, dans un cachot du
Dépôt de la Préfecture.

Telle est l'existence tourmentée des malfaiteurs. Comme le lièvre du Fabuliste,

Ils ne sauraient manger morceau qui leur profite.
Jamais un plaisir pur, toujours assauts divers...

Mais voici l'hôtel Robinson.

Sis au n° 28 de la rue de la Parcheminerie,
cet hôtel est d'une propreté sordide, moins
désagréable à l'œil et à l'odorat que l'immeuble de la rue Maître-Albert. Le loyer
d'un lit y est aussi plus élevé : il en coûte
trente-cinq centimes par nuit. Les chambrées
ont dix ou douzes couchettes en fer où en bois
et sont pleines en toute saison ; la maison
entière abrite environ quatre-vingts locataires.

A l'heure où nous le visitons, l'hôtel est à peu près vide, et les habitants qui s'y trouvent encore sont déjà levés et s'apprêtent à le quitter. Notre arrivée paraît les surprendre, les gêner, et ils nous regardent, ils regardent M. Lapince, surtout, avec une certaine inquiétude.

De ces pauvres diables, les uns ont des cheveux blancs, les autres sont des jeunes gens de vingt ans à peine. Tous sont mal couverts de pauvres haillons bourgeois, rapiécés, usés jusqu'à la trame. Chez ceux-ci et chez ceux-là, la physionomie a le même caractère d'étiolement maladif, de passivité inerte et de sournoise bassesse. Ils mendient des pieds à la tête, par les yeux baissés et suppliants, par l'échine courbée, par la feinte humilité de tout leur corps décharné et squeletteux.

Un homme de soixante ans s'approche de Sir Naseby, dont la tenue élégante l'a sans doute particulièrement frappé, et lui tend une brochure à couverture et marges graisseuses, limée aux bords par le frottement continu des poches où elle est généralement enfouie.

— C'est, lui dit notre homme d'un ton assuré, une composition poétique d'un auteur tombé dans l'infortune, moi-même, ancien professeur au collége de C... et lauréat d'académie en 1840. Que sa Seigneurie daigne parcourir ce volume ; elle se sentira touchée de pitié pour un malheureux affligé des plus injustes calamités. Il y a, noble gentleman, trois jours que je n'ai fait un repas.

Sir Naseby, perplexe, se tourna vers notre guide, d'un air interrogant.

M. Lapince souriait malicieusement.

—S'il vous plaît, dit-il à l'étranger, d'exercer votre générosité en faveur de ce poète déchu et affamé, faites-le ! Mais sachez d'abord que votre secours deviendra dans quelques instants la propriété des marchands d'absinthe du quartier. Monsieur est un client fidèle de l'académie... de la rue Saint-Jacques.

Sir Naseby remit cependant à l'hôtesse
une somme d'argent, destinée à nourrir pendant un mois le pauvre nourrisson des
muses.

Il commençait ainsi son œuvre de charité
philanthropique.

La vue des tristes maisons que nous visitâmes rue de la Huchette, rue Saint-Victor,
rue des Boulangers, aux alentours de Saint-
Julien-le-Pauvre, l'affermit dans sa résolution d'ouvrir, aussitôt que possible, un asile
aux mendiants invalides.

Tel hôtel, rue de la Huchette, demeure des
prostituées, n'a, à chaque étage de son étroit
escalier de pierre, qu'une cellule exiguë dont
la porte ne ferme pas.

Tel autre a des chambres sans fenêtres;
tel autre n'a que des fenêtres sans carreaux
ou bardées de papier.

Il ne se peut concevoir rien de plus affreux
que ces réduits orduriers, fangeux, décrépits,
de mendiants, de vagabonds, de filoux, d'i-
vrognes ou d'infâmes.

Puissent bientôt ces maisons insalubres tomber sous la pioche des démolisseurs!

Puisse la sombre engeance qui s'y blottit disparaître!

Puissent nos édiles se rappeler constamment qu'assainir Paris, c'est le moraliser!

XXII

BATIGNOLLES-CLICHY

INTRA ET EXTRA-MUROS. — LA ROUTE DE LA
RÉVOLTE.

Aux n°s 240-242 de la rue Marcadet, un
mur de planches enclot un champ, vaste,
inégal, crevé de trous, bossué de tumulus,
tas d'ordures amoncelés et recouverts de vé-
gétations parasites ; ici l'herbe et des ar-
bustes rabougris poussent librement, là, se
voient quelques carrés maigres de choux et
de légumes.

Au fond de ce champ s'étend une rangée
de bâtisses en platras, hautes de deux mètres,
attenantes l'une à l'autre, séparées par de
minces cloisons, à portes numérotées. C'est

la *cité Lévêque*, habitée par les chiffonniers
de Montmartre.

Chaque logement est composé d'une
chambre étroite, noire, puante, sans autre
meuble qu'un grabat de sangle et quelquefois
un escabeau.

Mais ces bâtisses sont en plaine, près des
fortifications ; l'air y circule, en emporte au
loin, en dissipe partout les poisons de sorte
que, sortant de leurs masures immondes, les
habitants peuvent rafraîchir, alléger leurs
poumons chargés d'inhalations brûlantes et
lourdes.

La cité Lévêque, aux abords de la banlieue, dans la grande largeur de la campagne
où elle s'assainit, fait moins de mal à voir
que la rue Sainte-Marguerite et la cité Dorée,
au milieu des faubourgs populeux de Paris.

Nous la visitâmes un dimanche ; le soleil,
roux dans un ciel gris, l'éclairait de rayons
pâles ; mais il faisait sec et tiède, et les
femmes et les enfants, par ribambelles dé-
guenillées, prenaient un air de beau temps.

Un chanteur, une guitare au dos, entra dans la cité.

Un vieux, ce chanteur, la figure sale, avec une barbe touffue, en broussailles, de gros souliers de vagabond aux pieds, des vêtements de couleur vague sur le corps.

Les enfants et les femmes se pressèrent autour de lui, l'accueillirent comme on accueille la gaieté, le visage épanoui, attentif.

— Tiens ! c'est le père Roger ! Bonjour père Roger ? Vous allez nous chanter quelque chose, père Roger ?

Vous pensez qu'il ne se fit pas prier.

Il pinça fortement sa guitare, à laquelle il donnait le son grinçant d'une scie, et d'une voix éraillée, mais à plein gosier, il chanta tout ce qu'on voulut : *Les Vendanges de la République, l'Enfant de Châlons.*

> Rien qu'au chic de mon pantalon,
> On voit que j'suis enfant de Châlons.

Et bien d'autres couplets folâtres ou patriotiques, qu'il accompagnait d'un pas de danse.

Les enfants et les femmes s'amusaient beaucoup, et les hommes même, émergeant d'un petit cabaret à devanture tricolore, étaient venus entendre le musicien ambulant.

Quand il eut fini, il salua la compagnie, me tendit son chapeau, où je laissai tomber quelque monnaie, et régalé par les chiffonniers d'un verre de vin, partit.

Je le suivis, et je le fis causer.

Pour l'excursion que j'avais projeté de faire sur la route de la Révolte et aux environs, était-il un meilleur guide?

La première chose qu'il me raconta, ce fut naturellement son histoire.

Le début m'en parut assez invraisemblable.

— Je me nomme dit-il, Roger de Beauvoir.

— Ah! bah! En êtes-vous bien sûr?

— Oui, monsieur, sans que ça vous défrise.

— Merci, je ne frise pas. Mais je suis surpris de votre déclaration; excusez-m'en.

Tout Paris a connu un écrivain charmant du *nom de Roger de Beauvoir...*

— C'était mon frère ! Ah ! je n'ai pas toujours été dans la panade ! j'ai été riche, j'ai eu des larbins ; mais, voyez-vous, quand on est jeune on fait des bêtises. J'ai boulotté tout mon saint frusquin, et me voilà.

Si je vous disais que je suis à mon aise, vous m'appelleriez blagueur, hein ? — N'importe, il y en a de plus malheureux que moi, je vous le jure. D'abord, je n'ai pas de maître, de patron, de propriétaire. Je fais tout ce qui me plaît, sous le ciel bleu. Si ça me dit de chanter, quand il fait beau, que les chemins sont secs, que les oiseaux gazouillent sur les arbres et les grillons dans les haies, je prends ma guitare, et en route ! Je n'engendre pas la mélancolie, moi ! Aussi, les femmes et les mioches, qui s'ennuient au logis, dans les grandes maisons tristes des faubourgs, m'accueillent toujours avec joie ! A ce métier-là d'amuser les autres, on n'amasse pas des rentes, mais on vit tout de

même, et personne ne vous fait de la peine.
Il y a des bourgeois qui vous conseillent, qui
vous appellent « fainéant » ; qui vous disent
de travailler. Ah ! bien oui, plus souvent !
Est-ce qu'on n'est pas libre ? Jamais un ouvrier, à marner dans l'atelier pendant toute
sa vie, pour enrichir un « singe » ne gagnera
comme moi une propriété !

— Propriétaire ! vous ! m'écriai-je très-
étonné.

XXIII

UN MÉTIER BIZARRE. — LES RÉGISSEURS.

— Mais oui, d'une cahute que j'ai cons-
truite là-bas. Tenez, regardez entre ce co-
lombier pointu et les grands bâtiments blancs
de la raffinerie parisienne.

Nous étions engagés à travers champs,
à droite de la route de Saint-Ouen, et d'un
talus bordant un fossé nous dominions le
paysage. Je visais le point indiqué ; mais
vainement j'écarquillais les yeux, je ne distin-
guais rien, sinon çà et là de petites baraques
en bois, hautes comme des muids.

— Votre propriété est sans doute une de
ces baraques ? dis-je à Roger de Beauvoir.

— Mais oui. C'est là chez moi, et j'ai la

clef dans ma poche. J'ai bâti ma cahute avec
des planches, des douves de tonneau. Le
terrain m'appartient. En tout temps, j'ai dix
lapins dans ma cour et 50 francs dans ma
bourse. Avec ça, vous comprenez qu'on n'est
pas à plaindre.

— Vous avez des voisins?

— Oui, et de bons zigs, je vous assure.
Des compères, des jocrisses, des hercules
de foire, qui attendent la belle saison pour
exercer leur « truc. » Ils vivent comme moi
dans des cabanes; seulement ils ne sont pas
propriétaires.

— Ah!

— Non, ils louent pour quinze centimes
par nuit les planches de leurs cabanes et ils
s'établissent où ça ne coûte rien.

En ce moment, un aveugle passait près de
nous, conduit par un jeune homme cagneux,
auquel Roger de Beauvoir souhaita cordialement la bienvenue.

— Ton patron va bien, Gervais? lui de-
manda-t-il?

— Pas mal, répondit Gervais, et il ajouta, en se penchant vers l'aveugle : N'est-ce pas, vieux, qu'on vous soigne ?

L'aveugle fit un signe de tête affirmatif et mon guide reprit :

— Et les affaires ?

— Oh ! ça marche ! Nous avons fait de bonnes recettes ce matin, et la journée paiera pour la semaine.

Quand l'aveugle et son conducteur se furent éloignés :

— Il a de la veine, ce Gervais, me dit Roger de Beauvoir. Il gagne de la monnaie, et pas de fatigue !

— Quel est son métier ?

— Celui qu'il fait en ce moment. Depuis qu'il a pu marcher, il dirige les aveugles, il leur compose des boniments, et il n'y en a pas de plus capables que lui pour attendrir les monacos des passants. Il est très recherché !

Nous étions maintenant sur la route de la Révolte. Les ouvriers, par groupes, se pro-

menaient, sans habits des dimanches, dans
leurs vêtements de travail, blouses ou bourgerons bleus. On les voyait entrer dans un
cabaret, un « bouchon », ayant pour enseigne
une branche d'arbre piquée à la devanture,
ils en sortaient, rentraient dans un autre, se
régalaient mutuellement, s'enivraient de tournées successives. Puis, l'alcool excitant leur
cerveau, ils se prenaient bras dessus bras
dessous, chantaient, gambadaient, criaient,
tout à l'entraînement de la noce, insouciants
du lendemain.

— Quand on a « massé » pendant six jours,
me dit Roger de Beauvoir, ce n'est pas trop
du septième pour se rafraîchir le gosier, pas
vrai ?

— Je ne suis pas de votre avis. Si les ouvriers dépensent leur paie chez les marchands
de vins, comment fait-on bouillir la marmite
dans leur ménage ? Que deviennent les femmes, les enfants ?

— Oh ! ils s'arrangent. Ça les regarde.
D'abord, dans ce pays-ci, on ne se marie

guère. On n'a pas assez d'argent pour prendre une légitime. Seulement, lorsque les « régisseurs » s'en mêlent...

— Les « régisseurs » ? Que voulez-vous dire?

— Oui, les membres de la Société de Saint-François-Régis, des gens qui fourrent le nez dans vos affaires et qui ont la rage d'y mettre le maire et le curé. Mais des malins ! Ils savent si bien vous amorcer qu'on finit tonjours par céder à leurs désirs.

— Leurs moyens sont donc irrésistibles ?

— Parbleu ! Ils font tous les frais de la noce, ils vous habillent des pieds à la tête, l'homme, la femme et les marmots, s'il y en a déjà dans la famille. Et, pardessus le marché, ils vous donnent encore de l'argent ! On a beau ne pas aimer les « ratichons », tout ça fait envie. Et puis, après, on est toujours libre de se quitter, en cas de malheur, n'est-ce pas?

— Avez-vous été marié de cette façon, monsieur Roger de Beauvoir ?

— Non. Dans le temps, j'ai fait un riche mariage. Ma femme était gentille à croquer. Mais elle m'a quitté, j'étais trop « noceur ». Hier, je l'ai rencontrée dans une calèche à deux chevaux, à côté d'un milord anglais... et chic ! Malgré moi, j'ai pleuré en la reconnaissant. Au fond, j'étais content de la revoir dans une aussi belle position.

XXIV

Ce n'était pas une illusion d'optique : à ce souvenir, réel ou supposé, le vieux philosophe essuyait de sa main les larmes qui coulaient le long de ses joues hâlées. Avait-il inventé cette histoire ? Je ne le sais pas encore, mais son émotion était bien vive pour être jouée.

Il s'arrêta devant un marchand de vin.

— Voulez-vous, me dit-il, prendre un verre chez le père Lange, *Au tombeau des lapins ?* C'est le rendez-vous de tous les locataires du *Petit Mazas.*

— Je préférerais d'abord visiter le *petit Mazas.*

— Soit, nous y sommes.

Mon guide me précéda dans une ruelle exiguë, ténébreuse, nauséabonde, où, sur le sol détrempé, foulé, nos pieds clapotaient dans d'incessantes flaques d'eau fangeuse. De chaque côté, d'épouvantables huttes, dont les portes ouvertes rejetaient dans l'atmosphère, imprégnée d'une odeur de pourriture, les émanations des détritus amassés dans tous les coins.

Sur le seuil de leurs logements, les chiffonniers nous regardaient passer, farouches, inquiets, se demandant ce que venait faire parmi eux un homme en paletot, un policier peut-être, car les enquêtes de la « rousse » au petit Mazas sont fréquentes.

— Le père Roger voulut les rassurer.
— Monsieur, leur dit-il en me désignant, est journaliste. Il vient nous reluquer, pour nous connaître, et jaspiner de nous dans son canard. C'est un « rupin », mais il n'est pas méchant. Vous pouvez même lui parler, il répétera toutes vos paroles.

Alors, ils s'enhardirent. Un jeune homme s'approcha de nous, sa femme le suivit, tous deux horribles, lui borgne, ayant sans doute eu un œil crevé dans une querelle, elle, flétrie, maigre, pâle, sous la crasse de son visage.

Ils se plaignirent de la chèreté de leur loyer, de son insuffisance. Ils avaient pour leur ménage une toute petite chambre, qu'ils payaient, la semaine : deux francs ! Tout le gain de leur journée passait aux mains du propriétaire.

— Et vous travaillez tous les deux ? leur demandai-je.

— Oui, monsieur.

— Êtes-vous mariés ?

— Non. Mais nous le serons bientôt. Un monsieur de la mairie s'occupe de ça.

— Encore un régisseur ! me dit le père Roger, en me poussant le coude ; ils sont partout.

Plus loin, une vieille préparait la soupe, tandis que son homme couché, une méchante

couverture rabattue sur son corps décharné,
les yeux fiévreux, grands ouverts, paraissait
souffrir beaucoup, mais ne soufflait mot, nul
gémissement, passif, résigné.

— Votre mari est bien malade ? dis-je à la
femme.

Elle me regarda, effarée, puis, brutalement :

— Eh bien ! oui, il est malade, et ensuite ?
Est-ce que vous venez pour l'enterrer, avec
votre habit de croque-mort ?

— Pourquoi vous fâchez-vous ? répliquai-
je doucement. Je ne vous veux pas de mal.
Avez-vous un médecin, des remèdes pour
votre mari ?

Elle s'apaisa, et hochant la tête :

— Pourquoi faire tout cela ? me dit-elle.
Un médecin, des drogues, c'est bon pour les
riches qui tiennent à vivre longtemps. Nous,
ça nous est bien égal. Quand on est mort, on
n'a plus de misère. Le plus tôt, c'est le mieux
pour nous.

Et elle retomba dans son accablement.

La plupart des logements étaient vides ; les

locataires du Petit Mazas fêtaient le dimanche, dans les cabarets du voisinage.

Nous en trouvâmes bon nombre chez le père Lange. Ils lampaient de l'eau-de-vie, à verres pleins, parlaient tous à la fois, s'inter-pellaient de table à table, hurlant pour se faire entendre, se racontant des aventures du métier, bêtes, sans intérêt, qui les faisaient rire. Plusieurs avaient auprès d'eux leurs femmes, ivres comme eux, plus bruyantes.

— Sortons, me dit mon guide; il ne serait pas prudent à nous d'*attarder* sur la route de La Révolte.

En effet, la nuit était tombée. Une ombre épaisse enveloppait la route, en rendait l'as-pect sinistre. De distance en distance, loin l'un de l'autre, des becs de gaz jetaient une lueur blafarde sur les trottoirs spacieux, mais coupés de tas de cailloux, d'immondices, de petites mares, de ruisseaux roulant des débris. Des enfants à demi nus, joufflus, frais, jou-aient les pieds dans l'eau, sur le devant des maisons sordides, et déjà, dans les paroles

qu'ils échangeaient, mettaient l'argot vicieux
du père et de la mère.

— La route de la Révolte, me dit le père
Roger, ne vaut rien pour les bourgeois pendant la nuit.

— Je le sais. Les attaques nocturnes y sont
nombreuses.

— Faut pas que ça vous étonne. Les cabarets de la route sont connus de tous les « ar-
souilles» des environs, de Levallois, de Saint-
Ouen, de Clichy ; ils s'y réunissent tous les
soirs, ou bien ils se « baladent » sur la chaussée. Ici, c'est leur pays. Tant pis pour ceux
qui viennent les déranger s'ils les rencon-
trent.

Telle était la morale de mon guide. Mais il
ajouta pour me donner confiance en lui.

— Avec moi vous n'avez rien à craindre.
Je suis maître de chausson, de boxe, d'es-
crime. On ne s'y frotte pas. Puis, les gueux
ne s'attaquent pas entre eux, et on vous pren-
dra pour un copain en train de montrer son
pallas.

La curiosité m'éguillonnant, je le suivis dans l'obscur passage Trouillet, et j'entrai avec lui chez la mère Michel, épicière et marchande de légumes de la cité Foucaut, vulgairement dénommée « cité des Vaches ».

XXV

LA CITÉ DES VACHES. — LA FEMME EN CULOTTES.
UNE KERMESSE DE CHIFFONNIERS.

La mère Michel nous reçut fort bien. Elle nous offrit à dîner moyennant un léger écot. Nous acceptâmes. Outre nous, les convives étaient une dame, gérante de la cité Foucaut, un vieux monsieur, décoré de nombreuses médailles de sauvetage, le père Marcel, très répandu dans les fêtes foraines, où il exhibe un vaste tableau de ses exploits, et une svelte fille, d'une physionomie intelligente et douce, la fille du père Lacotte, virtuose du pavé.

Société choisie, et telle que je la souhaitais.

La gérante de la cité Foucaut, personne grave et fort respectable, me parla de ses locataires en des termes qui me surprirent.

— Presque tous les chiffonniers logés chez nous, dit-elle, pourraient bien vite réaliser de grandes économies. Il en est peu qui gagnent au-dessous de six francs par jour, beaucoup ont un salaire de dix francs. Quelques-uns ont encore davantage, jusqu'à quinze et vingt francs. Ils n'ont pas de frais d'établissement, nulle patente à acquiter, et deux francs de loyer par semaine font une somme légère.

— Comment ne s'enrichissent-ils pas ?

— Ils n'y songent guère. Ils préfèrent boire. L'alcool exerce sur eux d'irrésistibles séductions, et grâce à leur clientèle, les débitants des environs font d'excellentes affaires. Le dimanche surtout est un jour de liesse pour la cité Foucaud ; tous ses habitants, ivres, surexcités jusqu'au délire, s'amusent follement. Dans un moment, vous aurez le spectacle de ce qu'il y a de plus bizarre, de plus grotesque et de plus hideux au monde : une kermesse de chiffonniers.

— Vous m'enlevez, dis-je, une illusion. J'ai ouï conter souvent l'histoire édifiante de

chiffonniers économes, probes et vertueux,
devenus, par l'exercice de toutes les vertus
réunies, d'honnêtes et cossus bourgeois!
Était-ce donc une fable?

— Du moins, vous ferez sagement d'en
douter, car je n'ai jamais rien vu d'aussi
merveilleux. Nos locataires, ceci est un mot
de la « femme en culottes, » ont tous la nos-
talgie du fumier.

— ... la « femme en culottes » ?

— On appelait de ce sobriquet madame Foucaut, morte il y a dix-huit mois
environ, et dont les héritiers se sont partagé
une fortune de plusieurs millions. Entre autres
immeubles, cette fantastisque personne pos-
sédait la cité qui porte son nom, et la visitait
souvent. Curieuse d'étudier, de saisir sur le
vif, dans leur étrange intimité, les mœurs de
ses locataires, elle aimait à se promener au
milieu d'eux, vêtue en ouvrier, d'une blouse
et d'un pantalon bleus et la tête coiffée d'un
chapeau de paille terni. Bonne femme au demeurant, le désir violent d'assister aux sin-

gularités des existences misérables n'était
pas seulement ce qui l'amenait ici.

— Sans doute elle venait aussi pour tou-
cher ses loyers! dit le père Roger, narquois.

— Oui. Mais elle n'était pas incapable
d'une action généreuse, et quelquefois...

— Le revenu de la cité est-il aussi avantageux qu'il est sûr ?

— C'est une fortune.

— Belle excuse à la bonté de la « femme en
culottes ». Elle rendait un sou pour un louis
et se donnait l'air de soigner ses vaches à lait
pour acquérir la réputation de femme charitable! Au reste, que de philanthropes à sa
manière lui ressemblent !

Le vieux chanteur des rues, philosophe
désenchanté, disait peut-être vrai ; mais on
n'approuva pas ses paroles amères, car il
froissait un préjugé. Le peuple n'aime point
que l'on offense son instinctive vénération
des riches qui s'abaissent jusqu'à lui et
veulent paraître familiers.

Je sentis le besoin d'amener une diversion.

— Si la fête est commencée, dis-je, partons !

Ma proposition fut agréée.

Nous nous dirigeâmes vers la cité Foucaut, à l'extrêmité du passage Trouillet.

Nous marchions à tâtons, tout enveloppés
d'obscurité, peureux de heurter un obstacle
invisible, un casse-cou.

Lorsque Paris connaît déjà la fulgurante
lumière électrique, les carrefours de Clichy-
la-Garenne ignorent encore le gaz, et le passage Trouillet, long boyau boueux, est éclairé
à la manière d'il y a un demi-siècle, par un
quinquet suspendu entre deux potences.

Mais, un terrain vague franchi, nous fûmes
tout d'un coup éblouis par le contraste tran-
ché de l'ombre d'où nous émergions à l'éclat
brillant de la *Cité des Vaches*.

Messieurs les chiffonniers avaient illuminé.

Une lanterne accroché à la porte de chaque
ogement dardait une clarté scintillante sur

la chaussée. Les tessons de bouteille, les débris de métal, les morceaux d'assiettes bri-
sées, dans les amas sombres d'ordures, lui-
saient comme des émeraudes, des lames d'argent et de blancs émaux. Hors de leurs
réduits sordides, les possesseurs de ces
infectes richesses, grisés par de fréquentes
lampées d'alcool, et sujets aux hallucinations
chaudes de l'ivresse, se croyaient sans doute
en un pays nouveau, enchanté, où pour toujours affranchis de leur dure condition sociale, du souci d'aller par les rues, le crochet en main, fouiller parmi les détritus ac-
cumulés, ils pouvaient s'abandonner aux
joies exubérantes d'une existence transfor-
mée, rire à pleine bouche, chanter à plein
gosier, sauter de tout l'élan de leurs jambes,
danser, mâle et femelle enlacés, ou réunis
pêle-mêle en des rondes folles, les bourrées
les plus inattendues, avec l'insouciance et
l'entraînement voluptueux des gens heureux.

C'était, en effet, un étrange spectacle que
celui de ces pauvres gens en haillons, en

proie aux puissances de l'illusion, et comme délivrés de leurs liens de misére, prouvant par leurs attitudes oubliées qu'il est bon quelquefois de sortir du réel, et d'entrer dans l'imaginaire, même par la porte magique de l'ivresse.

Leur allégresse était franche, abandonnée, un peu brutale, mais entière. Des disputes la traversaient rapides comme des éclairs.

Des injures lancées par des voix rauques rebondissaient sur des injures ; de loin, des adversaires se menaçaient, se provoquaient à la lutte, tels que les héros d'une iliade, mais d'aucun effet ces invités en champ clos n'étaient suivies, et si les poings se crispaient, du moins ils ne frappaient pas. Les fureurs, allumées comme des punchs au contact d'un mot qui les enflammait, s'éteignaient vite ; elles étaient sans danger, goguenardes, point méchantes et plus simulées que certaines.

Des ennemis, pendant une minute, se réconciliaient en un instant, s'embrassaient, mêlaient leurs effusions de larmes, et se livraient aux expansions coutumières des amitiés de gueux.

Et les femmes ? les enfants ?

Ils étaient là, eux aussi, bien éveillés, se-
coués par la boisson, mêlés dans les groupes
d'hommes et jouant avec l'un, avec l'autre,
naïvement débauchés.

Nous l'avons déjà observé ! à cette profon-
deur d'abîme social, les distinctions de sexe et
d'âge s'effacent, la promiscuité des logements
rapproche, confond tous les membres de la famille des brutes, l'enfant et la femme perdent,
celle-ci sa délicatesse, celui-là son innocence,
le garçon devient un jeune mâle, la fille, une
femelle, et, chez tous les deux, d'extraordi-
naires précocités de vice se développent spon-
tanément, dans un milieu d'animalité pure.

Écoutez-les parler : vieillards, hommes
faits, femmes mères, adultes, enfants, ils ont
pour échanger les mêmes idées, toutes d'instinct, les mêmes vocables, la même voix
rauque et sans timbre, dont le son est pareil
à l'aboiement d'un chien enroué.

Mais, hâtons-nous de le dire, s'ils sont

ainsi, ces pauvres gens, ce n'est point leur faute. Ils semble qu'ils forment dans la société une classe méprisée, repoussante, avec qui nul ne veut se commettre et que personne ne se soucie d'élever, d'instruire, de moraliser.

Qui songe à appeler à l'école les enfants de la cité Foucaud et du Petit-Mazas? Qui s'inquiète de ces petits, qui ne peuvent se défendre contre l'ignorance, la saleté, l'horreur qui les entourent et les pénètrent? Qui les protège contre leurs épouvantables parents? Pourquoi, malgré les lois sur le travail imposé aux enfants, les voit-on errants dans les rues, la hotte au dos, dès qu'ils peuvent marcher?

Faut-il donc qu'il y ait des parias au milieu de nous? Avons-nous besoin de cours de malingreux, de souffreteux, de maudits, pour nous faire estimer les élégances et les raffinements de la vie moderne?

Que les enfants, du moins, trouvent pitié devant notre égoïsme!

Mademoiselle Lacotte allait aux environs,

dans l'avenue de Saint-Ouen, exercer son métier ; le père Roger et moi, nous lui proposâmes de l'accompagner ; elle accepta.

— Mais, lui demandais-je, si tard, quelle peut être votre occupation ?

— Ce soir, monsieur je vais veiller un mort.

— L'un de vos parents ?

— Pas du tout. Le défunt m'est étranger ; c'est un client comme un autre.

— Un client ?

— Sant doute. Je suis lingère de mon état, mais ça ne marche pas toujours, et pendant les chômages, je tâche de gagner ma vie d'une autre façon. Le matin, j'achète des fleurs à la Halle et je les vends aux marchands du boulevard ; dans la journée, je blanchis au lavoir, et la nuit, je garde des malades, ou je veille des morts.

Mademoiselle Lacotte a dix-neuf ans.

— Pauvre enfant, lui dis-je, que recevez-vous pour tant de fatigues ?

— Ça dépend ; tantôt plus de 5 francs, tantôt moins. Je ne fais pas fortune, mais j'habille et je nourris trois enfants, deux sœurs et un petit frère.

— Vous seule avez ce soin! m'écriai-je. Et j'étais très ému.

— Mais oui, monsieur, reprit-elle simplement. Il le faut bien. Qui s'en chargerait? Ils n'ont plus leur mère.

— Mais votre père?

— Il s'est remarié.

— Je vous plains de grand cœur.

— Je le mérite un peu, non pour le présent qui ne m'effraie pas, mais pour le passé, qui fut triste. J'ai déjà vécu bien des mauvais jours.

— Voulez-vous nous raconter votre histoire?

— Volontiers; mais que vous dirai-je? L'histoire d'une pauvre fille comme moi n'est pas intéressante pour vous.

— Vous vous trompez.

— Enfin, si cela vous plaît, écoutez-moi, ce ne sera pas long.

XXVI

UNE PETITE CHANTEUSE DES RUES : Mlle LACOTTE.
LES MARCHANDES DE FLEURS.

Vous savez déjà que je suis la fille d'un chanteur des rues, le père Lacotte. Depuis quarante ans, mon père amuse de son répertoire varié les cours des maisons ouvrières et les boutiques des marchands de vin. Toute bambine, il m'enseigna son métier, c'est-à-dire qu'il me serina des chansonnettes et me dressa pour la mendicité à peu près comme un montreur de bêtes dresse ses chiens savants. Mon père était terrible et j'ai bien souffert, en ce temps-là. Pour me donner de la mémoire, il me pinçait jusqu'au sang. Pour la moindre faute, il me battait jusqu'à ce que son bras fût las de frapper ou me laissait un jour entier sans manger.

Mon éducation fut douloureuse, mais complète. Je dus apprendre à demander en pleurant et en baissant les yeux, « un petit sou pour papa et maman malades et qui n'ont pas d'ouvrage, » à remercier d'une aumône par une révérence, et même à changer de mensonge, selon la tournure des gens qui m'interrogeaient.

« Surtout, méfie-toi de la rousse, qui nous f..... au trou », me recommandait papa, et je parvins à reconnaître à leur mise et à leur mine les agents de police en bourgeois.

Malgré ses leçons, j'étais encore timide, je balbutiais, je rougissais, je n'osais pas mentir avec assez d'effronterie. Il m'emmena dans ses tournées, afin de m'habituer au public, et me fit répéter mon rôle devant ses clients, sous la menace d'une « râclée », si je ne le répétais pas bien.

Quand mon éducation lui parut achevée, il se décida à me lancer. Un soir, il me conduisit sur les boulevards. Il pleuvait à verse, je grelottais de tous mes membres.

Les grands cafés, chauds et lumineux, où il faisait bon d'être à l'abri, étaient pleins de monde. Des enfants italiens jouaient du violon en chantant des airs de leurs pays, et tendaient leur casquette pour recevoir des sous. De petites filles comme moi vendaient aux messieurs des violettes pour leurs dames, et criaient: « Fleurissez-vous! fleurissez-vous! » Oh! elles n'avaient pas peur, elles, bien sûr.

Moi, j'étais effrayée, je tremblais de froid et de crainte. Le bruit des boulevards m'étourdissait. Ma robe, trempée d'eau, s'était collée sur mon corps et le glaçait. J'avais le frisson, la fièvre, un brouillard sur les yeux, et les passants, hâtifs, en beaux habits, défilaient devant moi comme des ombres mécaniques.

Je voulus échapper à la pluie, me réfugier sous l'ombrage d'un arbre; mon père m'arrêta d'une étreinte si forte que je ne pus retenir un grand cri. Mais on ne m'entendit pas. On ne le vit pas me pousser violemment contre un kiosque d'où il me désigna un café.

— Tu vas entrer là, me dit-il, tu chanteras, et gare à toi si tu bronches ! Il me faut de la monnaie ! Apporte de la « braise » ou tu coucheras dans la rue, si je ne te tords pas le « gaviot » avant la nuit.

Mon père parlait sérieusement. Oui, il m'aurait tuée, comme il le disait, si je ne lui avais pas obéi. Il me semblait déjà sentir ses mains rudes se nouer autour de mon cou pour m'étrangler. J'eus l'épouvantable vision de ma mort. L'effroi étouffait ma voix. Je n'avais même pas la force de dire : Pardon ! Il était sans pitié, il me tuait froidement !...

Au café, je ne vis personne, tant les pleurs obscurcissaient mes yeux. Je ne pus chanter, tant j'avais de sanglots dans la gorge. Mais je tendis la main et l'on me donna l'aumône. Je fis une recette, j'allais l'apporter à mon père, lorsqu'un agent me prit la main brutalement :

— Pourquoi mendies-tu, petite ? Qui t'a envoyée au café ?

— C'est papa.

— Où est-il, ton papa ?

— Là, près du kiosque.

L'agent chercha, mais inutilement.

Témoin de cette scène, mon père s'était enfui.

— Pour t'apprendre à mentir, petite, me dit l'agent, tu coucheras ce soir au violon, et demain nous verrons ce que nous ferons de toi.

Je fus provisoirement mise à Saint-Lazare, et je n'avais que dix ans.

On interrogea mon père. Il déclara que je m'étais échappée de la maison, et qu'il ne voulait plus me reprendre.

On me jugea.

Le tribunal me condamna, comme vagabonde et mendiante incorrigible, à être enfermée, jusqu'à ma seizième année révolue, dans une maison de correction.

Je devais être élevée, à Angers, dans le couvent pénitentiaire du Bon-Pasteur.

J'y fus conduite en wagon cellulaire, comme les criminelles, et le voyage dura dix heures.

Dans les cellules des wagons étaient en-
fermées des voleuses, des infanticides, des
prostituées que l'on menait à Fontevrault,
dans une centrale de femmes. Quelques-
unes, accablées, pleuraient à chaudes larmes ;
d'autres, par bravade riaient très-haut ,
chantaient des obscénités, raillaient cruelle-
ment leurs compagnes plus timides et affectées.

Enfant, j'entendais leurs propos sans les
comprendre, mais la débauche se révélait à
moi dans ce qu'elle a de plus révoltant pour
une âme vierge, et je dus peut-être de n'y pas
tomber plus tard à l'ineffaçable impression que
le spectacle odieux de cette honte fit sur moi.

Que vous dirai-je encore ?

Le couvent du Bon Pasteur fut le tombeau
de mon enfance. J'étais née bonne, aimante
et douce, j'y vécus sevrée de toute tendresse,
dans la solitude et l'indifférence, et refoulant
au plus profond de mon être les précoces besoins d'expansion et de caresse que la dureté
de mon père avait seulement froissés. Je n'y
fus pas même l'orpheline abandonnée que

l'on confie à des mains étrangères, mais la coupable que l'on plie avec une impitoyable rigueur au plus sévère des châtiments. Et j'avais dix ans !

Ah ! l'on ne sait pas combien sont cruelles à l'enfance, qu'elles compriment et qu'elles atrophient lentement, les communautés catholiques dont une philanthropie menteuse vante les services ! On ne sait pas qu'elles dissimulent sous de pieux dehors une insatiable avidité. On ne sait pas qu'elles font par calcul de toutes les enfants malheureuses qu'elles reçoivent pour les instruire et les moraliser autant de stupides ilotes du travail forcé.

Dès l'heure où la porte massive du couvent se referma derrière moi, avec le bruit sinistre d'une pierre tombale s'abattant sur une fosse, j'eus une affreuse idée de ce que j'allais avoir à souffrir. Un silence de mort planait sur le couvent ; on eût dit qu'il était désert.

Une enceinte de murs épais, hérissés à leur marge supérieure de pointes de fer croisées, lui donnait l'aspect d'une prison. Dans la cour, des enfants se récréaient, non pas en jouant, en causant comme elles eussent aimé à le faire, mais en marchant en rangs, deux à deux, à pas comptés, sous la garde d'une sœur qui ne leur parlait pas. Nulle part, un signe de vie active et libre ! Cette promenade de petites filles, muettes de peur, c'était lamentable !

Mon cœur se serra et des larmes emplirent mes yeux ! L'abbesse, qui me vit pleurer, ricana, et d'un ton de voix atrocement sec, elle me souhaita la bienvenue ainsi :

— Vous avez mauvaise tête, ma petite, dit-elle ; vous vous êtes enfuie de chez votre père ! Mais on ne se sauve pas d'ici, je vous avertis, et nous avons d'excellents moyens de dompter les caractères rebelles. On va vous lire le règlement. Sachez que si vous y désobéissez, on ne manquera pas de vous punir sévèrement.

On me lut, en effet, cet épouvantable règlement.

Il date du dix-septième siècle, et n'a pas
varié depuis qu'une dévote, prodigieusement
habile, madame de Combé le composa pour
la maison du Bon-Pasteur qu'elle ouvrait aux
filles publiques repenties. Changer ces péni-
tentes en de sages dévotes était le but avoué
de la fondatrice ; elle a donc prescrit un travail excessif pour amortir la chair, une dévotion outrée pour humilier et anéantir la
personnalité, des châtiments pour réduire une
créature intelligente au rôle passif d'une
brute sans volonté.

Ce règlement, rédigé pour des filles publiques, c'est à des enfants qu'il est appliqué.

Jugez, monsieur, de la rigueur de ses
principales dispositions par les articles que
je vais vous citer.

La plupart se rapportent à la dévotion et
au travail manuel qu'ils font alterner.

Prier et travailler ; travailler et prier sans

répit, sans la distraction de l'étude ou du jeu, car l'étude est inutile et dangereuse, et le jeu est « mondain », prier sans comprendre, naïvement, niaisement, travailler sous la férule, en silence, sans arrêt, sans réfléchir, mécaniquement, la communauté ne prescrit rien de plus aux enfants, cela suffit à son but ; s'enrichir et les abrutir.

Les offices religieux sont de trois par jour ordinaire, de cinq les dimanches, et tout le temps qui ne leur est pas consacré, sauf une heure pour les deux repas, est employé au travail.

Tous les enfants, quels que soient leur âge, leurs dispositions physiques ou intellectuelles, sont astreintes au travail, toutes doivent contribuer à la prospérité de la communauté.

Les filles de huit ans ourlent des mouchoirs et des torchons ; les filles de douze ans font de la lingerie ; les grandes brodent, toutes pendant dix heures par jour, dans un ouvroir où elles ne doivent même pas se parler, « sous le prétexte de leur ouvrage. »

Défense aux enfants d'avoir des amitiés dites « particulières. » On ne doit aimer que Dieu, la Vierge et les saints.

Le règlement dit :

« Les amitiés particulières, qui sont une source de dissipation et de division, ne seront point souffertes, sous quelque prétexte que ce puisse être. »

Défense d'écrire même à ses parents.

Le règlement dit :

« Pour prévenir la tentation d'écrire, on ne donne ni encre ni papier. »

— S'il fait grand froid.

« On donne deux ou trois fois par jour du feu dans une chaufferette qui doit servir pour deux. »

— Cependant, si les mains prenaient des engelures le travail serait arrêté, et partant les revenus de la communauté diminueraient. Le cas est prévu :

« On donnera des gants pendant les hivers rigoureux ».

Le règlement prescrit encore ceci :

« Si quelque fille témoigne plus d'inclination pour un ouvrage que pour un autre, il sera bon de la mortifier, afin de lui apprendre à rompre sa volonté. »

Mais cette article, qui blesse l'intérêt du Bon-Pasteur, n'est pas exécuté. Car il s'agit, bien entendu, d'ouvrage manuel et lucratif. On n'en conçoit pas d'autre au Bon-Pasteur.

Le chapitre des punitions est affreux. C'est vraiment l'œuvre d'une imagination abominable.

— On punit les filles — pour de légers manquements à la discipline du couvent — en les obligeant à rester à genoux au réfectoire, tout en prenant leur repas.

— On les punit encore en les privant de nourriture.

— On les punit en leur faisant nettoyer à genoux des crachats.

— On les punit en leur mettant sur les reins un cilice de fer à pointes aiguës qui pénètrent dans leur chair.

J'ai subi ce supplice et il m'en est resté une cicatrice profonde.

Les fautes graves— des fautes graves d'enfants— sont punies par le cachot. Ces cachots sont de ténébreux in-pace, grands trous souterrains maçonnés et voûtés, où les enfants, criant d'effroi, sont descendus et laissés un jour entier, quelquefois deux ! Pendant la nuit, une fantasmagorie, imaginée par les religieuses, leur fait voir l'enfer tout en flammes et rempli de diables fourchus ! Des petites filles sont mortes de peur, d'autres ont perdu la raison dans ces cachots.

Tel est le laborieux couvent du Bon Pasteur, providentiel asile des petites vagabondes abandonnées, saint établissement où l'on enseigne aux petites pauvresses toutes les vertus chrétiennes, la résignation, l'ignorance, la superstition, l'égoïsme, la niaiserie et le travail gratuit ! Douce étable où l'on forme des brebis toutes prêtes à recevoir dans la gorge, sans un murmure, le coup de couteau du boucher !

Hélas ! que j'ai vu de petites machines à coudre vivantes, pâlir, s'étioler, dépérir et disparaître pour jamais, closes en des cercueils blancs, dans la terre fleurie et grasse de cadavres d'enfants du cimetière du Bon-Pasteur ! Combien de petites compagnes, jolies et douces, sont ainsi devenues les victimes qui glorifient la charité officielle et catholique !

Et moi, pourquoi ne suis-je pas morte, ou comment ne suis-je pas folle ?

Le sais-je bien ?

Les filles du peuple ont parfois la vie dure, voilà tout !

Mlle Lacotte était arrivé à la porte du défunt qu'elle devait veiller.

— Au revoir, lui dis-je, en saluant respectueusement cette brave fille, si éprouvée et surtout si courageuse. Ne vous ennuyez pas trop dans la compagnie de votre client.

— Merci du souhait, dit-elle en riant. Mais il est superflu. La société des morts n'a rien qui m'effraie ou qui m'attriste, j'y suis habituée.

— Je compte, ajoutai-je, raconter votre

histoire à mes lecteurs. Elle est absolument véridique n'est-ce pas ?

— N'en doutez pas, monsieur. Vous plairait-il en même temps de plaider la cause des marchandes de fleurs ?

— Comment cela ?

— Voici. Je suis menacée de perdre une partie de mes revenus, parce que la police ne permet pas à tout venant de vendre des fleurs sur la voie publique. Non, pas même aux enfants. Ce commerce est réservé à des permissionnaires privilégiées.

— Pourquoi ne demandez-vous pas une autorisation ?

— Elle me serait refusée. Je suis trop jeune et trop pauvre pour qu'on me croie honnête sur parole. La police des mœurs, qui fait la guerre à notre industrie, n'est indulgente que pour les vieilles femmes et les filles bien nippées. Il faut cependant bien gagner sa vie ! N'est-il pas injuste de nous en empêcher ?

— Très injuste assurément — et je ne craindrai pas de le dire.

Mon Dieu, peut-être ai-je tort de soutenir cette thèse — certainement j'ai tort devant les protecteurs jurés et patentés de la vertu, dont la majesté bureaucratique s'étale sur un beau rond de cuir, entre de superbes cartons verts, dans un rayon numéroté de la préfecture de police — mais il me semble humblement, j'ai l'audace de croire que c'est commettre une grave injustice d'interdire à de pauvres filles de vendre des fleurs, s'il leur convient de vendre des fleurs, et si la vente de ces fleurs leur donne le pain quotidien.

J'en demande bien pardon à la police des mœurs, mais il se peut faire que les petites marchandes de fleurs ne soient pas toutes de clandestines prostituées. Sait-on, quand on les pourchasse, si elles ont un autre moyen d'existence? Celle-ci a-t-elle au bout des doigts l'aiguille agile de Mimi-Pinson? L'atelier de celle-là ne chôme-t-il pas? Elles ont faim peut-être, ou, chez elles, il y a la maladie et la misère.

Faut-il leur tenir rigueur de ce qu'elles ont

profité du renouveau pour acheter, au prix de toutes leurs ressources, des bouquets de violettes et des gerbes de giroflées, marchandises embeaumées ?

Pour si peu de chose est-il bien de les mettre en prison, et, pour l'honneur du règlement, de les réduire au désespoir et de les jeter en pleine perversion ?

Vous avez grand souci de la moralité sociale ! — Ouf ! et moi aussi ; mais j'estime que la liberté la sauvegarderait mieux que votre sévérité gourmée.

Surveillez donc un peu plus les marchands de vins, les gargottes, les bals populaciers, et vous inquiétez moins des petites commerçantes des rues ! Soyez moins rudes aux faibles ! On vous louera de ce changement de conduite.

XXVII

LA CAISSE D'ÉPARGNE.

Mlle Lacotte partie, je voulus m'éloigner.

Mais Roger de Beauvoir ne l'entendait pas ainsi.

— Nous ne nous séparerons pas, dit-il, sans avoir trinqué ensemble à la *Caisse d'Épargne*.

— A la Caisse d'Épargne ? lui dis-je ; mais où cela ?

— Ici même ; ce cabaret à l'angle de l'avenue de Saint-Ouen, c'est la Caisse d'Épargne des Batignolles-Clichy, tenue par le père Jean. Venez, nous serons en bonne compagnie, tous les biberons émérites du pays y carressent la dive bouteille.

J'essayai de résister, mais en vain.

16

De vieux amis sont pas si fous.
De se quitter sans boire un coup.

chantait l'insouciant bohême en m'entraînant.

Si bien qu'il me fallut le suivre.

— Mais je n'eus pas à le regretter.

C'est un curieux cabaret que la *Caisse
d'Épargne*.

Non pas qu'il soit remarquable par son ar-
chitecture extérieure, ou par des décorations
murales, comme tel ou tel « caboulot » de
Montparnasse ou du quartier Maubert, fréquenté par des émules incompris de Callot
ou de Daumier.

La *Caisse-d'Épargne* n'est rien de plus que
l'Assommoir que vous connaissez, le vulgaire
« Champroux ».

Rangés le long de ses murs, dans un ordre
parfait, comme des soldats ventrus à la parade, des barils étalent leurs panses rebon-
dies et cerclées de cuivre rouge luisant.

Les hôtes de la Caisse d'épargne avaient
entre eux un air de famille et paraissaient

vivre non-seulement en bonne intelligence,
mais dans une aimable communauté de goûts,
d'impressions et d'intérêts. Assis sur leurs
tabourets, penchés, les coudes en avant sur
des tables de bois peint, le nez dans leurs
verres, humant l'odeur forte de boissons ex-
quises : gros bleu, absinthe verte ou eau-de-
vie blanche, ils récapitulaient les « affaires »
de la journée et faisaient l'addition des
recettes, parfois s'émerveillant du total.

Le père Roger fut par eux accueilli comme
un confrère, et, pour ce qui est de moi, on
m'honora d'un salut bienveillant et discret.

Tranquillement installé auprès d'eux, il
me fut loisible de contempler les célébrités
musicales et artistique de la rue.

Il y avait là de nombreux et de distingués
émules du père Roger, des vétérans ayant,
ainsi que lui, vieilli au pays de Bohême ; des
jeunes gens bravement y faisant leurs premiers
pas, des enfants pressés de s'illustrer après
leurs aînés dans la carrière. Les femmes non
plus ne manquaient pas à ce rendez-vous pro-
fessionnel, et causaient volontiers.

Las de leurs tournées du dimanche, altérés par la poussière des grands chemins, ces bonnes gens buvaient ferme, qui du doux, qui du raide, ceci rafraîchissant, à leur avis, ni plus ni moins que cela.

Mon compagnon, dont la munificence excita l'admiration, demanda un litre et deux verres, et je fus surpris de voir qu'on nous servit, en même temps que le vin commandé, de superbes harengs saurs légèrement exposés au gril.

Mais bien naïf était mon étonnement. Il cessa dès qu'en regardant à la dérobée mes voisins, j'aperçus en face de chacun d'eux la caque déchiquetée et le squelette informe du susdit poisson.

— Le hareng saur est l'ami de l'homme, dit sentencieusement Roger. Et le patron, l'estimable père Cœur-de-Vache — car tel est le nom de ses aïeux — n'a garde d'oublier qu'il doit en offrir à ses clients. N'est-ce pas, mastroquet?

Le patron, ainsi interpellé et sans doute

habitué à ces aménités, se contenta de répondre par un sourire approbateur.

Par l'effet combiné des boissons variées et pimentées qu'avec l'aide des succulents harengs saurs ils lampaient à foison, la conversation de mes commensaux, grave et réfléchie à notre arrivée, s'anima, s'élargit et devint pitoresque à l'excès.

C'est du métier que l'on causa, naturellement, et de ses agréments, et de ses déboires, et de tout cela gaiement, sans inquiétude ni mélancolie.

Car tel est le caractère jovial des virtuoses du pavé.

— Madame Reinette, interrogea Roger, chantez-vous toujours avec succès l'Alsace-Lorraine?

— Certainement, dit madame Reinette, une bonne grosse commère, coiffée d'un foulard patriotique, où la bataille de Champigny se trouvait représentée, et portant en sautoir une mandoline; certainement, mon petit, les Parisiens ne se lassent pas d'écouter les belles choses.

16.

— Le fait est, reprit une autre — pour appuyer l'opinion de madame Reinette — que si je veux voir les fenêtres s'ouvrir, il me suffit de roucouler le *clairon des Zouaves* ou les *Turcos sont de bons Enfants.* J'ai renoncé au « Beau Mousquetaire » et au « Petit Mousse. » Ça ne prend plus.

— Parce que vous ne savez pas les chanter comme il faut, mademoiselle Zélie. Les romances du vieux temps sont encore les meilleures ; mais quand on ne connaît pas les traditions, comme disait papa autrefois, on ne parvient jamais à les rendre.

— Ah ! vraiment, La Fignotte, reprit ironiquement mademoiselle Zélie. Tu les connais peut-être les traditions, toi ? Eh bien ! montre-nous donc ce qu'elles t'ont appris. Glousse un peu, ma petite poule.

— Nous ne sommes pas ici en répétition, fit aigrement La Fignotte ; mais enfin, si vous y tenez....

Et la Fignotte avec des larmes dans la voix et soupirant à chaque vers , chanta pour l'exemple cette extraordinaire poésie :

> Adieu, beau mousquetaire,
> Il faut fuir cette terre ;
> L'amour saura se taire
> A l'heure des combats.....
>   Pars,
> Mon Gaspard, pars,
> Va sur les remparts,
> Va chercher la gloire ;
> La mort, c'est la victoire !
> Pars, mon Gaspard, pars !

Elle mit dans ce couplet grotesque une émotion si bien jouée qu'elle obtint l'assentiment unanime. Mademoiselle Zélie dut convenir que les traditions ont du bon, décidément.

— Moi, je suis pour la note gaie, la gaudriole, dit Roger. J'aime que l'on rie à se tordre en m'écoutant.

— Moi aussi. C'est mon genre, et je me flatte d'y réussir, dit son collègue, répondant au nom de La Tulipe. Parlez-moi des chansons de Thérésa, c'est ça qui ne rate jamais son effet.

— Surtout quant on joint le geste à la parole, reprit un compère. Et pour donner une idée de ses capacités, il grasseya un couplet du répertoire de la diva en s'accompagnant de la plus étrange mimique du monde. Bras, tête, jambe, il mettait à contribution toutes les parties visibles de son individu pour faire ressortir les beautés du « *Jour ous'que j'la marierons* ».

— Bah ! fit dédaigneusement La Tulipe, qu'est-ce que c'est que tout ça auprès de ceci :

— Et relevant ses paupières, ouvrant une large bouche, montrant ses dents, crispant tous les muscles de son visage, il fit coup sur coup les grimaces les plus drôlatiques en criant je ne sais quelle rangaine de café-concert.

— J'ai mieux que tes mines, dit à son tour Roger. Et il exécuta sa gigue écossaise sur l'air du *Gas de Falaise !*

Mais aucun d'eux n'étant convaincu de la supériorité de son rival, bientôt nos artistes nomades échangèrent de méchants propos.

Puis les joueurs d'orgue de Barbarie et l'homme-musique, affirmant l'excellence de leurs talents particuliers, entrèrent en lice et la mêlée des malins quolibets devint générale et des plus vives.

— Tu chantes mieux qu'un cheval, mais tu ne cours pas si vite ! C'est dommage ! disait Roger à La Tulipe.

— Et toi, tu causes mieux qu'un baudet, mais tu ne chantes pas mieux, riposta la Tulipe.

— On dit que tu as vendu ta voix à l'École de médecine. Combien ?

— Et toi, qu'est-ce que l'on t'a prêté sur la tienne au Mont-de-Piété, lorsque tu f.... la faim dernièrement ?

— J'aurais, je pense, entendu de plus jolies choses, si, craignant que des compliments on n'en vint aux coups , je nè m'étais prudemment esquivé de la *Caisse d'Épargne.*

Un monsieur qui, l'œil obstinément collé sur la vitrine du cabaret, semblait examiner attentivement ce qui s'y passait, me frappa sur l'épaule.

En détournant la tête, je reconnus avec plaisir notre ancieune connaissance, M. Lapince.

XXVIII

LE BAL DE LA CHEMISE SALE. — LE BAL DU—
VERT. — CONCERTS. — A LA GAZELLE.

— Que faites-vous ici ? lui dis-je. Êtes-vous
de service ?

— Vous oubliez, me répondit-il, que je
n'appartiens plus à la sûreté.

— Cependant, votre présence dans ce
quartier si éloigné du vôtre ?...

— Chut ! Parlez bas. Vous me feriez reconnaître. N'avez-vous pas remarqué mon
déguisement?

Je n'avais pas remarqué, je l'avoue, le déguisement de M. Lapince, et sa physionomie
seule m'avait frappé.

Il était mis en souteneur aisé, bien en
femmes, vainqueur, vêtu d'amples vêtements

étoffés d'une couleur gris de fer uniforme. Il n'avait pas négligé de « faire sa tête. »

Les cheveux lissés et lustrés étaient divisés, contournés et disposés avec toute la symétrie convenable, et une haute casquette de soie les recouvrait selon les règles de la plus stricte élégance.

— Mais à quoi bon ce costume ?

— Venez avec moi, je vous l'expliquerai chemin faisant.

Nous nous dirigeâmes vers les boulevards extérieurs.

Il reprit :

— Vous savez combien j'aime mon métier. Faire la chasse aux coquins, les dépister, les saisir au gîte, éventer leurs ruses, les amener à demander grâce, à se rendre, haletants, comme des bêtes fauves acculées, ça été la passion de toute ma vie.

— Vous m'avez dit cela plus d'une fois.

— Mais je ne vous ai pas confié ce qui me tenait plus au cœur. Je ne vous ai pas avoué mon chagrin de ne plus être utile. Un vieux *rousse* comme moi a des trésors d'expérience à dépenser, et quant aux forces physiques, bon pied, bon œil, et la place d'armes ! — ce disant, M. Lapince se frappait vigoureusement la poitrine, — solide, je vous l'assure.

— Pourquoi vous avoir mis à la retraite ?

— J'avais atteint la limite d'âge ; l'administration était dans son droit. Mais, c'est égal, il ne m'allait guère de vieillir à l'engrais, comme un vieux cheval fourbu, après dix ans de service dans les omnibus. Il me fallait de l'occupation. J'en ai trouvé.

— Comment cela ?

— Je fais aujourd'hui la police pour le compte des particuliers. C'est une partie fort intéressante. En ce moment, j'ai deux affaires à suivre et ce ne sera pas trop de tout mon talent pour les mener à bien. Êtes-vous curieux de les connaître ?

— Enormément.

— Alors, procédons par ordre. *Primo,* affaire de Curseux. L'héritière de cette noble

maison a jugé à propos de démocratiser sa
famille avec un valet de chambre, aux favoris noirs, répondant au beau nom d'Auguste,
mais plus connu sous celui de « Belle-
Pomme », dans les bals publics qu'il honorait
jadis de sa présence. M. le marquis de Curseux croit que sa demoiselle et son valet sont
en Belgique ; je suis persuadé qu'ils sont aux
Batignolles. On m'a donné carte blanche et
je les cherche. L'adorable Belle-Pomme est
aussi fin qu'irrésistible, mais il a deux grands
défauts : il aime certaines filles, et il joue au
« bonneteau » avec certains messieurs. Nous
découvrirons ce domestique trop séduisant.

— *Secundo*. Affaire Dornay. Ce garçon de
magasin d'une maison de la rue du Sentier
est véhémentement soupçonné de dévaliser
par petites quantités les marchandises de son
patron, dentelles de Malines, de Valenciennes
et autres lieux.

Je file ce monsieur qui s'achemine à la
richesse d'une façon si remarquable, et j'ap-
prends que si pour le monde il s'appelle Dor-

nay, — pour la fille Sarrazine, juive et recéleuse, — il est tout simplement « Toto. » Toto vient tous les soirs, vers onze heures ou minuit, dans un garni des environs. C'est là que nous le prendrons !

— Ainsi le métier vous plaît ?

— Amusant et fructueux, monsieur, le voilà en deux mots.

— Avez-vous beaucoup de collègues ?

— Beaucoup. Paris est sillonné dans tous les sens par les membres d'une police occulte dont il ignore l'existence. Tricoche et Cacolet ne sont pas seulement des personnages de comédie, ils font partie de la vie réelle. Il y a des agences organisées et prospères pour tous les besoins d'espionnage possibles. Le mari, affligé d'un doute, peut, s'il lui plaît, faire filer sa femme, la femme son mari, l'amant sa maîtresse, la maîtresse son amant, l'associé son compère. N'est-ce pas charmant ?

Je ne partageais pas absolument l'enthousiasme de M. Lapince pour l'espionnage do-

mestique, mais je fus dispensé de lui expri-
mer mon avis.

Il s'arrêta court, dans la rue Charroy, devant une boutique de marchand de vins,
d'ou s'échappaient les ondes sonores de la
plus suave musique.

L'enseigne : *Au rendez-vous des Paveurs*,
n'indiquait pas un bal, et pourtant l'on dan-
sait en cadence sur l'air entraînant du « Beau
Nicolas. » Le refrain spirituel : Le voilà, Nicolas, ah ! ah ! était souligné par de violents
battements de pieds sur le plancher ; et les
rudes voix des danseurs le répétaient dans
un chœur enragé.

— Nous sommes, me dit M. Lapince, au
bal de *la Chemise sale*. Entrons. Ne me quit-
tez pas et ne dites mot aux filles.

Le bal de la Chemise sale n'est pas immense : c'est un bijou. L'espèce « souteneur »
et l'espèce « fille soumise » y sont dignement
représentées par leurs types les plus purs.

Voici de grands drôles secs, en pantalon

collant, en blouse blanche ou en gilet de laine, leurs casquettes rabattues sur le nez, ombrageant leurs yeux sournois. Comme ils se sentent bien là, dans l'unique salle du bal, où trois musiciens jouent rageusement de leurs instruments ! En sûreté ! Dans leur domaine privilégié !

Voici les filles, trotteuses infatigables de boulevard extérieur. Elles ont des robes de mérinos ou d'indienne, des tabliers bleus attachés à la taille, un mouchoir autour du cou. Nulle toilette ; si bien que vous les prendriez pour des ménagères, de laborieuses femmes, et vraiment rien ne les distingue des honnêtes ouvrières. Non, rien, si ce n'est leurs figures plâtrées, leurs regards effrontés, leurs voix rauques, l'obscénité de leur langage. Que sont-elles ? Pourquoi sont-elles descendues si bas ?

Ce n'est point ma tâche de moraliser sur ce point ; mais ou je me trompe fort, ou pas une d'elles n'est Parisienne. Filles de campagne venues à Paris pour servir, cuisinières et bonnes lasses de travailler, prostituées par paresse, besoin, abandon ; ces mots résument leur histoire.

Comme en ce moment elles « travaillent », ce n'est que par échappées qu'elles peuvent assister au bal et se divertir.

La fille entre, pressée. Elle va droit à son seigneur et maître ; elle lui prend le bras, elle lui parle à l'oreille ; il sourit, une bonne affaire sans doute lui chatouille agréablement l'esprit, il tend la main, elle l'entraîne vers le comptoir, elle commande deux consommations, ils boivent d'un trait, elle paye et reçoit de la monnaie qui de sa main passe dans celle de monsieur ; il est satisfait, il la prend par les hanches, en arrondissant les bras, il la soulève, il la fait valser ; ses pantoufffes glissent sur le parquet, elle est heureuse, elle ferme les yeux, elle s'appuie sur la poitrine de monsieur avec un voluptueux abandon, lui, il se redresse, il est fier, il exerce ses fonctions, il accomplit un sacerdoce ! Enfin l'orchestre s'arrête, la valse aussi ; elle l'embrasse, encore toute pâmée, et elle retourne au « travail. »

Madame partie, les collègues de monsieur lui font des compliments qu'il accepte sans fausse modestie, et dans son argot inexprimable, il dit à peu près ceci :

— Oui, ma femme n'est pas faignante. Pas besoin de la passer à tabac (de la battre) pour qu'elle aboule de la braise !

— Je voudrais avoir une gaupe comme ça, dit un autre. Pas moyen de faire turbiner la mienne !

— Ainsi, dis-je à M. Lapince, privés de leurs femmes, ces misérables ne vivraient pas?

— Oh ! Ils ont d'autres ressources, en cas d'accident. Le vol au poivrier, l'attaque nocturne, le cambriolage, le bonneteau font partie intégrante de leurs revenus, sans compter la prison, qui pourvoit fréquemment à leur existence. Patience, je vous montrerai des échantillons de tous les genres de coquins.

Pour le moment, voulez-vous me suivre au bal Duvert?

Nous sortîmes.

Le bal Duvert, — de vert peint du haut en bas, — ne diffère pas sensiblement du bal de la rue Charroy. Mais sis au premier étage, au-dessus d'un marchand de vin, bien en saillie au coin de la rue de Lévis et du boulevard, il occupe une situation enviable.

De loin on l'aperçoit et de loin on entend les mélodies gutturales de son orchestre. Si, tenté par la curiosité d'assister à des débats populaciers, on y veut pénétrer, il faut aviser un roide escalier de bois, une échelle, ayant issue à la rue de Lévis, le gravir; la salle est au bout.

Salle bien simple, sans ornements aucuns, mais si poussiéreuse, échauffée, méphytique, que le séjour n'en est possible qu'à l'admirable clientèle qui s'y réjouit...

D'un coup d'œil rapide, mon guide parcourut la salle et n'y voyant nul indice de ce qu'il cherchait :

— Venez me dit-il, à moins que le spectacle ne vous intéresse.

— Nullement, il n'est plus nouveau.

— Nous allons remonter le boulevard, s'il vous plait.

Je le suivis.

Bientôt un individu, marchant devant nous, se dandinant, nonchalant, oisif, attira toute son attention.

Mon guide me quitta brusquement, passa à côté de l'inconnu, le dévisagea d'un regard furtif et revint par un détour près de moi.

Il paraissait ravi.

— Je tiens mon homme, me dit-il en se frottant joyeusement les mains.

— Lequel?

— Belle-Pomme, dit Auguste. Si la photographie que j'ai prise au dépot de la préfecture est fidèle, c'est lui-même.

— Mais comment l'avez-vous deviné?

— J'ai son signalement. Fixez-le pendant un instant. Vous remarquerez qu'il boîte imperceptiblement de la jambe gauche. Il n'en faut pas davantage pour éveiller les soupçons d'un agent exercé.

Belle-Pomme, bien loin de se douter qu'il était suivi, entra dans un restaurant marchand de vin de l'avenue de Clichy, dont l'enseigne : *A la Gazelle*, se détachait en lettres dorées sur le front lumineux de sa devanture.

M. Lapince attendit quelques instants, puis me tendant la main.

— Au revoir, me dit-il. Je suis obligé de vous quitter. Je vais m'asseoir *A la Gazelle*, non loin de M. Belle-Pomme. Avant qu'il soit une heure, nous serons, ce modèle des serviteurs et moi, d'excellents, d'inséparables amis. Mais votre présence, en tiers, rendrait muet le fat le mieux disposé aux tendres confidences. Il ne faut rien gâter.

S'il vous plaît d'apprendre la suite de cette expédition, vous savez où me trouver : Café du Palais-de-Justice, tous les matins, de dix heures à midi. Ne l'oubliez pas.

Peut-être aurai-je encore le plaisir de vous

guider dans vos excursions à travers le Paris
surveillé, inquiétant, funeste, dont vous avez
en partie dévoilé les mœurs infâmes ou
étranges, les habitudes irrégulières ou dé-
pravées.

Que savez-vous de Montmartre, où tant
d'établissements publics sont d'inépuisables
repaires de bandits imberbes, de La Villette,
de Belleville, de La Glacière ou grouille toute
une population redoutable de souteneurs
terribles ? Bien peu de chose, en vérité.

Les boulevards aussi vous sont inconnus.

Que de cafés interlopes, de tripots clan-
destins, de cercles suspects, de chevaliers
d'industrie élégants, de proxénètes bien éle-
vés, de bookmakers imprudents, d'ingénieux
camelots, de faiseurs inventifs, d'habiles escrocs, méritent d'être observés, de la Made-
leine à la Bastille !

Le spectacle de tout cela vous tentera sans
doute un jour.

Donc, au revoir !

LOUIS BARRON.

2700. — ABBEVILLE. — TYP. ET STÉR. A. RETAUX.

TABLE

———

LE QUARTIER CROIX NIVERT.

LES GARNIS.

BATIGNOLLES-CLICHY.

2700. — ABBEVILLE. — TYP. ET STER. A. RETAUX.

www.ingramcontent.com/pod-product-compliance
Lightning Source LLC
Chambersburg PA
CBHW070736270326
41927CB00010B/2004

* 9 7 8 2 0 1 2 7 6 1 2 1 6 *